农民工市民化研究

——基于农民工内部分化的视角

温馨　王晓峰　著

NONGMINGONG
SHIMINHUA YANJIU
JIYU NONGMINGONG NEIBU
FENHUA DE SHIJIAO

中国社会科学出版社

图书在版编目（CIP）数据

农民工市民化研究：基于农民工内部分化的视角/温馨，王晓峰著 . —北京：中国社会科学出版社，2020.10

ISBN 978 - 7 - 5203 - 7047 - 9

Ⅰ.①农…　Ⅱ.①温…②王…　Ⅲ.①民工—城市化—研究—中国　Ⅳ.①D422.64

中国版本图书馆 CIP 数据核字（2020）第 158727 号

出 版 人　赵剑英
责任编辑　田　文
责任校对　张爱华
责任印制　王　超

出　　版　中国社会科学出版社
社　　址　北京鼓楼西大街甲 158 号
邮　　编　100720
网　　址　http://www.csspw.cn
发 行 部　010 - 84083685
门 市 部　010 - 84029450
经　　销　新华书店及其他书店

印　　刷　北京君升印刷有限公司
装　　订　廊坊市广阳区广增装订厂
版　　次　2020 年 10 月第 1 版
印　　次　2020 年 10 月第 1 次印刷

开　　本　710×1000　1/16
印　　张　13.75
字　　数　201 千字
定　　价　79.00 元

目　　录

第一章 绪论

第一节 研究背景与研究意义

一 研究背景

农民工为我国社会经济发展作出巨大贡献。然而，受城乡二元制度的影响，数以亿计的农民工群体在城镇就业、住房、社会保障、子女教育等方面未能与城镇居民享有同等的待遇，这不仅不利于农民工自身的发展，也给社会经济发展带来诸多隐患。因此，给予农民工市民身份，推进农民工市民化具有重大的现实意义。然而，数以亿计的农民工群体同步实现市民化是不现实的，农民工群体在市民化进程中不断产生分化，这种分化具体体现在代际分化、就业方式分化和流向区域分化三个方面。不同农民工群体在城市的生存状态存在一定的差异，实现市民化的诉求和条件也不同。

在代际分化方面，新生代农民工已逐渐成为农民工的主体。相较于老一代农民工，新生代农民工或是较早随父母进城，或是在城市里出生。一方面，他们普遍缺乏务农经验，没有其父辈对于农村土地的依赖；另一方面，他们对城市有着较为强烈的认同感，渴望实现市民化。然而，新生代农民工却处于"回不去农村，融不进城市"的困境。近年来，党中央、国务院高度重视新生代农民工问题。2010 年，中央一号文件《中共中央国务院关于加大统筹城乡发展力度 进一步夯实农业农村发展基础的若干意见》提出"采取有针对性的措施，着力解决新生代农民工问题"①。2016 年，国务院《关于深入推进新型城镇化建设的若干意见》（国发［2016］8 号）明确提出"优先解决农村学生升学和参军进入城镇的人口、在城镇就业居住 5 年以上和举家迁徙的农业转移人口以及新生代农民工落户问题"。

在就业方式分化方面，虽然农民工绝大多数以受雇方式就业，但也有部分农民工基于自身人力资本和社会资本禀赋作出理性选择进入自雇就业。国家统计局农民工监测调查显示，2013 年、2014 年和2015 年以受雇方式就业的农民工分别占 83.5%、83% 和 83.4%，以自雇方式就业的农民工分别占 16.5%、17.0% 和 16.6%，受雇就业仍然是农民工在城市就业的主要方式。就生存状态而言，相较于受雇就业农民工，自雇就业农民工在经济活动层面生存状态相对更好，实现社会经济地位向上流动的可能性更大，是实现市民化可能性更大的群体。

在流向区域分化方面，我国东部、中部和西部地区在经济发展和城镇化发展等方面存在较大差异，引起了区域间大规模的人口迁移流动。自改革开放以来，东部地区率先开放发展，形成了珠三角、长三角、京津冀三大城市群，成为农民工的主要输入地区。然而，伴随着劳动密集型产业从东部地区向中西部地区的梯度转移，以及中部崛起、西部大开发战略的实施，中西部地区经济发展速度加快，对农业剩余劳动力的吸纳能力增强，农民工在地区之间的流向分布呈现出新变化。近年来，东部地区农民工增速放缓，而中西部地区农民工增速加快。

基于上述，农民工在市民化过程中不断产生分化，分化的结果是产生了不同农民工子群体，而不同农民工子群体在经济活动、基本公共服务和社会融入方面的生存状态存在较大差异，实现市民化的诉求和条件也不同。因此，农民工市民化的顺利推进应依据农民工群体内

---

① 中共中央、国务院：《关于加大统筹城乡发展力度 进一步夯实农业农村发展基础的若干意见》（http://www.gov.cn/gongbao/content/2010/content_ 1528900. htm）。

部分化的客观事实，经历一个分群体、有序的过程。

二　研究意义

本书以农民工内部分化（代际分化、就业方式分化和流向区域分化）为视角，对不同农民工子群体（老一代农民工和新生代农民工、自雇就业农民工和受雇就业农民工及东部、中部和西部地区农民工）的市民化状况和市民化的影响因素进行比较研究，探讨不同农民工子群体的市民化状况和市民化影响因素是否呈现出相似性或差异性，以期为分群体、有序实现市民化提供一定的政策启示。

第二节　研究综述

一　农民工市民化的现状及问题

学界对农民工市民化的现状及问题已展开了大量研究，"农民工待遇非市民化"、"半城市化"、"虚城市化"、"半市民化"和"生存状态的边缘化"是表述农民工市民化的现状及问题的几个主要概念。

王元璋和盛喜真（2004）提出"农民工待遇非市民化"的概念，并从就业和工资、教育培训、住房、社会保障和社会地位几个方面对"农民工待遇非市民化"进行分析。在就业和工资方面，农民工受到限制和歧视；在教育培训方面，农民工及其子女不能和市民享有同样的教育机会；在住房方面，农民工租房、购房相当困难；在社会保障方面，农民工基本上是空白；在社会地位方面，农民工处于城市社会最底层。[①]

王春光（2006）提出了"半城市化"概念来分析农村流动人口在城市的社会融合问题，并从三个方面解释了"半城市化"的社会具象。一是非正规就业和发展能力的弱化；二是居住边缘化和生活

---

① 王元璋、盛喜真：《农民工待遇市民化探析》，《人口与经济》2004 年第 2 期。

"孤岛化";三是社会认同的"内卷化"。[①]

　　陈丰（2007）提出了"虚城市化"的概念。"虚城市化"现象是指在我国城市化进程中，农民工由于缺乏户籍制度以及依附其上的相关制度的接纳，导致其不能改变农民身份，难以形成城市认同感和归属感，成为游离于城市之外的特殊群体的状况。农民工"虚城市化"的现象主要表现为职业与社会身份的不一致、合法权益得不到有效保障、子女教育的不平等、就业与生存状况恶劣、缺乏城市社会的认同感和归属感几个方面。[②]

　　钟水映和李魁（2007）认为，我国农民工的"市民化"进程是分"半市民化"和"后市民化"两步走的，并将"半市民化"的具体特征归纳为五个方面：一是"非城非乡"；二是"二元化"屏蔽；三是"边缘化"及弱势循环；四是经济接纳，社会排斥；五是"城乡二元结构"畸变为"城市二元结构"。[③]

　　刘传江（2013）提出农民工"生存状态的边缘化"的概念。农民工"生存状态的边缘化"主要表现为七个方面：一是工作性质边缘化；二是居住分布边缘化；三是社会地位边缘化；四是经济地位边缘化；五是社会心态边缘化；六是继承性边缘化；七是家庭模式边缘化。[④]

二　农民工市民化的制约因素或障碍

　　一般认为，制度制约、政策制约、城市发展水平制约、社会成本制约、观念制约、信息制约和素质制约是农民工市民化面临的主要障

[①]　王春光：《农村流动人口的"半城市化"问题研究》，《社会学研究》2006 年第 5 期。

[②]　陈丰：《从"虚城市化"到市民化：农民工城市化的现实路径》，《社会科学》2007 年第 2 期。

[③]　钟水映、李魁：《农民工"半市民化"与"后市民化"衔接机制研究》，《中国农业大学学报》（社会科学版）2007 年第 24 卷第 3 期。

[④]　刘传江：《迁徙条件、生存状态与农民工市民化的现实进路》，《改革》2013 年第 4 期。

碍。姜作培（2003）认为，观念制约、城市发展水平制约、政策制约、制度制约、信息制约和素质制约是农民工市民化的制约因素。①刘传江（2006）指出，制度制约突出表现在农村僵化的土地承包制度、城乡分割的劳动力市场制度和城市封闭的社会保障制度三个方面。② 张国胜（2009）认为，农民工市民化进展缓慢，主要是政府担心无力承受其社会成本而延缓了制约农民工市民化的户籍制度、就业制度、社会保障制度与城乡土地制度等的改革。③ 胡拥军和高庆鹏（2017）也持有同样的观点，认为农民工市民化进程明显滞后的症结在于没有处理好农民工市民化成本的分摊问题。④

三 农民工市民化的发展路径

姜作培（2003）提出"六个统一"作为农民市民化的对策选择：一是对农民市民化的认知统一；二是大中小城市并举发展的方针统一；三是城乡户籍制度的统一；四是就业市场化机制统一；五是社会保障待遇统一；六是服务与管理的统一。⑤

李强（2013）从意愿上对农民工市民化进行了区分，将农民工市民化分为"主动市民化"和"被动市民化"，并提倡"主动市民化"的政策取向。他提出要充分认识农村生活的利益格局、农村生活的基本逻辑与市民生活的巨大差异，探索市民化的多种途径、多种模式等建议。⑥

---

① 姜作培：《农民市民化：制约因素及突破思路分析》，《浙江社会科学》2003 年第 6 期。

② 刘传江：《中国农民工市民化研究》，《理论月刊》2006 年第 10 期。

③ 张国胜：《基于社会成本考虑的农民工市民化：一个转轨中发展大国的视角与政策选择》，《中国软科学》2009 年第 4 期。

④ 胡拥军、高庆鹏：《处理好农民工市民化成本分摊的五大关系》（http://www.cssn.cn/mkszy/mkszy_ pl/201711/t20171107_ 3720220. shtml）。

⑤ 姜作培：《六统一：农民市民化的对策选择》，《云南财贸学院学报》2003 年第 19 卷第 1 期。

⑥ 李强：《论农民和农民工的主动市民化与被动市民化》，《河北学刊》2013 年第 33 卷第 4 期。

辜胜阻等（2014）提出农民工市民化的二维路径选择：一是通过户籍制度改革，实施差别化落户和积分制政策，让符合条件的农业转移人口落户城镇；二是推进人口管理创新，通过居住证制度，有序实现不能或不想落户的农业转移人口市民化。[①]

李强（2016）基于非正规就业的视角对农民工市民化的现实困境进行分析，认为农民工市民化面临着劳动保护和社会保障的覆盖面难以保证、人力资本积累和提升受阻以及社会资本建构空间和能力不足的现实困境，提出"底线—发展—融合"的路径选择：一是以强化劳动保护为先导逐步完善农民工社会保障体系；二是以推广职业资格和技能认证为重点对接农民工人力资本积累；三是以社会组织发展为动力加快培育农民工社会资本。[②]

徐姗等（2016）基于流动人口的省际变动和集疏格局，提出了流动人口的市民化路径：一是东部地区应审慎而稳妥地推进市民化；二是积极稳妥地推进中西部地区的城镇化进程，重点推进省内流动人口的就近市民化；三是不同地区要制定不同的政策，因地制宜地推进市民化进程。[③]

四　农民工内部分化研究

学界对农民工内部分化（分层、分类、异质性）现象已展开大量研究。有的研究采用单一维度的标准对农民工内部分化进行研究，研究主要集中在职业分化、收入分化和代际分化等方面；也有研究采用综合维度的标准对农民工内部分化进行研究，研究普遍认为农民工已分化为业主、自我雇佣的个体劳动者和雇工三个阶层。

李培林（1996）较早地考察了农民工内部分化的现象。他从职业

---

① 辜胜阻、李睿、曹誉波：《中国农民工市民化的二维路径选择——以户籍改革为视角》，《中国人口科学》2014 年第 5 期。

② 李强：《非正规就业视角下农民工市民化的现实困境与路径选择》，《城市问题》2016 年第 1 期。

③ 徐姗、邓羽、王开泳：《中国流动人口的省际迁移模式、集疏格局与市民化路径》，《地理科学》2016 年第 36 卷第 11 期。

分层结构、就业的所有制分层结构和收入分层结构三个方面考察了农民工内部分化现象，认为流动民工经过职业分化，实际上已经完全分属于三个不同的社会阶层：即占有相当生产资本并雇佣他人的业主、占有少量资本的自我雇佣的个体农民工和完全依赖打工的受薪者。①

唐灿和冯小双（2000）认为，城市流动农民已经出现二次分化。在横向上，他们在不同职业位置间的流动相当频繁，新的职业位置也在不断被创造；在纵向上，其内部已出现了在资本占有、经济收入、社会声望、价值取向等方面有很大差异的等级群体，原群体内部的同质性已被打破。②

王东和秦伟（2002）基于成都市农民工的实际调查对农民工群体中的代际差异进行了研究，发现农民工群体中已发生了代际的分化，其主要特征在于年龄、初次流动年代、婚姻状况和文化程度等方面的差异。③

周运清和刘莫鲜（2003）认为，流入到都市中的农民，在现代产业分工体系的作用下，已经出现了二次分化，并认为都市农民经过二次分化后已基本上重组为业主层、个体劳动者层、雇工层和不正当职业者层。其中，业主层包括个体工商户和私营企业主；个体劳动者层包括有营业执照的个体劳动者和"散工"；雇工层包括"白领"工人和"蓝领"工人；不正当职业者层包括乞丐群体和"三陪"小姐。④

周汉平和方伟（2004）对安徽枞阳大山村全村外出务工男性进行了五年的追踪调查，发现其内部出现了明显的等级分化，这种分化不仅反映在相同层级的人具有相同或相近的收入状况，而且也反映在他们相似的职业地位、声望及价值观念和社会认同等方面表现出的某一

① 李培林：《流动民工的社会网络和社会地位》，《社会学研究》1996 年第 4 期。

② 唐灿、冯小双：《"河南村"流动农民的分化》，《社会学研究》2000 年第 4 期。

③ 王东、秦伟：《农民工代际差异研究——成都市在城农民工分层比较》，《人口研究》2002 年第 5 期。

④ 周运清、刘莫鲜：《都市农民的二次分化与社会分层研究》，《中南民族大学学报》（人文社会科学版）2003 年第 23 卷第 1 期。

层级相似的选择性，并以三角形状显现。[①]

　　刘传江和徐建玲（2006）认为，随着经济和社会的发展以及时代的变化，农民工不再是一个具有高度同质性的抽象群体，在这一群体内部已经出现了值得我们关注的分化。从经济实力角度进行划分，农民工可分为三类：第一类是经过打拼已经在城市立稳足跟，能够与普通市民一样分享城市文明的少数人；第二类是位于城市社会和工作劳动社区的底层，以临时打工谋生为特征的农民工，这是农民工的主体部分；第三类是从城市中返乡的农民工。从农民工的构成进行划分，农民工主要包括进城农民工、乡镇企业农民工和失地农民三部分人群。从农民工成长的时代进行划分，可将农民工分为第一代农民工和第二代农民工。[②]

　　杨冬民（2006）依据农民工在城市的职业分布、生活状况及在城市生活中的地位和作用不同，将农民工分为四类：第一类是在城市从事建筑业的农民工；第二类是在城市从事零工的自主就业者，是典型的非正规就业群体；第三类是在外资、国有和民营企业从事制造业的农民工；第四类主要包括从事商业批发零售、餐饮、配送等城市服务行业的工作人员及在政府机关和社会团体，甚至教育、卫生、金融等行业从事各类业务的人员。此外，他还对四类农民工面临的不同社会问题进行了分析，指出第一类农民工面临的主要是社会关系方面的问题，第二类农民工面临的主要是生活保障的问题，第三类农民工面临的主要是收入水平增长缓慢的问题，第四类农民工面临的主要是不公平待遇方面的问题。[③]

　　张涛（2007）认为，农民工群体的内部分层主要体现在收入分层上。从结构来看，农民工的收入分层结构兼具"洋葱型"和"橄榄

　　① 周汉平、方伟：《"农民工"内部分化的考察——以安徽枞阳大山村在张家港市务工的男性为例》，《安庆师范学院学报》（社会科学版）2004 年第 23 卷第 6 期。
　　② 刘传江、徐建玲：《"民工潮"与"民工荒"——农民工劳动供给行为视角的经济学分析》，《财经问题研究》2006 年第 5 期。
　　③ 杨冬民：《应该区分农民工的类别来解决农民工问题》，《经济纵横》2006 年第 6 期。

型"结构的特点，体现出一种过渡型的结构特征。①

韩俊等（2009）根据流动程度的大小，将农民工划分为三个群体：第一类是基本融入城市的农民工；第二类是常年在城市打工，但又具有一定流动性（主要是春节返乡）的农民工；第三类农民工是间歇性或季节性在城镇务工，仍以农业为主、务工为辅，或务工、务农并重。②

江立华（2009）提出"农民工转型"的概念，从宏观上把握农民工的总体发展走势及其变化。从历时态看，农民工从寻求生存到谋求在城市定居和发展，彰显着这个群体的变化。从共时态看，农民工已经不是一个高度同质性的群体，其群体内部已经发生了明显分化，不同的子群体在经济地位、社会生活、文化心理等方面都存在一定程度的差异，正在向不同向度转变。③

刘玉侠（2009）将农民工群体分为四类：第一类是准市民身份的农民工；第二类是未来继续以农民工身份参加城市建设的进城务工人员；第三类是返回农村创办企业的农民工；第四类是应有序组织回流返乡的农民工。④

《我国农民工工作"十二五"发展规划纲要研究》课题组（2010）认为，农民工是一个复杂的群体。改革开放以来，农民工的素质得到了提升，农民工思想和行为的独立性、选择性、多变性、差异性不断增强，农民工群体发生了巨大变化，呈现出人口成分、流动目的、个体诉求多元化的新特点。⑤

---

① 张涛：《农民工群体内部分层及其影响：以收入分层为视角——武汉市农民工思想道德调查分析报告》，《青年研究》2007年第6期。

② 韩俊、崔传义、金三林：《现阶段我国农民工流动和就业的主要特点》，《发展研究》2009年第4期。

③ 江立华：《城乡一体化背景下的农民工转型：一个新议题》，《社会科学研究》2009年第6期。

④ 刘玉侠：《城市化进程中农民工群体分化与相关社会公助问题研究》，《浙江学刊》2009年第3期。

⑤ 《我国农民工工作"十二五"发展规划纲要研究》课题组：《中国农民工问题总体趋势：观测"十二五"》，《改革》2010年第8期。

宋国恺（2012）以职业分类为基础，以占有组织资源、经济资源和文化资源的状况为标准，将农民工大致划分为私营企业主、自雇佣的个体农民工、务工人员、无业或失业四大群体。[①]

余思新和曹亚雄（2014）认为，农民进城后的发展速度快慢不一，呈现的状态也千差万别，异质分化现象彰显，具体体现在代际分化显现、技术分化突出、职业分化明显几个方面。[②]

朱磊和雷洪（2015）提出"流入地嵌入"和"流出地脱嵌"两个分类维度，将农民工群体划分为两栖群体、移民群体、打工群体和无根群体四种类型。[③]

五　农民工内部分化与市民化研究

随着农民工群体内部分化程度和群体异质性不断增强，学界对于农民工市民化的研究视角产生了变化，即从最初的同质性视角转变为异质性视角。有学者基于农民工内部分化的视角对农民工市民化问题进行研究，也有学者对农民工子群体的市民化问题进行研究。

（一）农民工内部分化与市民化研究

谢建社（2006）根据经济标准、政治标准、社会标准、生活标准、价值标准、文化标准和职业标准等综合思考，将进城的农民工大体上分为准市民身份的农民工、自我雇佣的个体农民工、依靠打工维生的农民工、失业农民工和失地农民工五个层次，并对各层次农民工的市民化情况进行分析，指出城市化的实现必须分步进行。[④]

李练军和曹小霞（2012）基于区域分层、职业或收入分层和城市

---

① 宋国恺：《分群体分阶段逐步改革农民工体制问题——基于农民工分化与社会融合的思考》，《北京工业大学学报》（社会科学版）2012年第12卷第2期。

② 余思新、曹亚雄：《农民工市民化层次性解读及其现实启示》，《西北农林科技大学学报》（社会科学版）2014年第1期。

③ 朱磊、雷洪：《论农民工的分类及其转型》，《社会学评论》2015年第3卷第5期。

④ 谢建社：《农民工分层：中国城市化思考》，《广州大学学报》（社会科学版）2006年第5卷第10期。

适应性三个不同分层视角对农民工市民化进行分析。①

张永丽和王博（2016）采用聚类分析将农民工分为四类，发现四类农民工的群体特征、市民化的条件存在较大差别，据此提出应根据农民工不同的市民化条件，分层次、依序、逐步推进各类农民工的市民化。②

（二）农民工子群体市民化研究

学界对农民工子群体的市民化问题也展开了一定研究，研究对象主要为新生代农民工、自雇农民工以及（东、中、西）某一区域的农民工。

马用浩等（2006）、刘传江和程建林（2007）对新生代农民工市民化进行了研究，认为新生代农民工是农民工市民化过程中最为迫切的群体，也是最有可能实现市民化的群体。③

田北海和耿宇瀚（2014）的研究发现，农民工的就业方式（受雇状态）对农民工与市民的社会交往带来影响。相对于受雇于他人的农民工而言，从事个体经营的自雇型农民工与市民的接触机会更多、社会位置相近度较高，其与市民的社会交往水平更高。④ 陈宇琳（2015）通过追踪调查和深度访谈，从城市起步阶段、发展阶段以及失业应对等方面对外来自雇经营者的就业过程和市民化路径进行分析，发现外来自雇经营者具有企业家的潜质，是最有可能市民化的群体。⑤ 夏梓怡（2015）对武汉市某社区自雇型农民工市民化的社区支

① 李练军、曹小霞：《基于分层视角的我国农民工市民化问题研究》，《农业经济》2012 年第 11 期。

② 张永丽、王博：《农民工内部分化及其市民化研究》，《经济体制改革》2016 年第 4 期。

③ 马用浩、张登文、马昌伟：《新生代农民工及其市民化问题初探》，《求实》2006 年第 4 期；刘传江、程建林：《我国农民工的代际差异与市民化》，《经济纵横》2007 年第 7 期。

④ 田北海、耿宇瀚：《生活场域与情境体验：农民工与市民社会交往的影响机制研究》，《学习与实践》2014 年第 7 期。

⑤ 陈宇琳：《特大城市外来自雇经营者市民化机制研究——基于北京南湖大棚市场的调查》，《广东社会科学》2015 年第 2 期。

持进行了研究，对自雇型农民工的收入状况、生活状况、心理状况、文化素质状况、教育意识进行了分析，发现社区特别是郊区新建的商住小区是自雇型农民工创业的理想场所，也是农民工市民化的场域。[1]宁光杰和孔艳芳（2017）对自我雇佣农民工市民化问题进行了研究，发现自我雇佣农民工的市民化水平整体偏低。[2]

学者们基于单一城市或地区的实地调研对不同区域农民工市民化（意愿）进行了研究。就东部地区而言，张丽艳和陈余婷（2012）对广东省广州市、深圳市和东莞市的新生代农民工市民化意愿进行了研究，发现有34.6%的受访农民工有市民化意愿；[3]许抄军等（2015）对湛江市农民工市民化意愿进行了研究，发现有45.83%的受访农民工有市民化意愿。[4]就中部地区而言，李练军（2015）对江西省新生代农民工市民化意愿进行了研究，发现有65%左右的受访农民工有市民化意愿；[5]刘兆征（2016）对山西省农民工市民化意愿进行了研究，发现有69.8%的受访农民工有市民化意愿。[6]就西部地区而言，夏显力和张华（2011）对陕西省、甘肃省和宁夏回族自治区的新生代农民工市民化意愿进行了研究，发现有68.73%的受访农民工有市民化意愿；[7]宋周等（2014）对四川省成都市农民工市民化意愿进行

---

[1]　夏梓怡：《自雇型农民工市民化的社区支持：鄂省个案》，《重庆社会科学》2015年第12期。

[2]　宁光杰、孔艳芳：《自我雇佣农民工市民化的影响因素研究——基于长三角和珠三角地区的比较分析》，《中国经济问题》2017年第5期。

[3]　张丽艳、陈余婷：《新生代农民工市民化意愿的影响因素分析——基于广东省三市的调查》，《西北人口》2012年第33卷第4期。

[4]　许抄军、陈四辉、王亚新等：《非正式制度视角的农民工市民化意愿及障碍——以湛江市为例》，《经济地理》2015年第35卷第12期。

[5]　李练军：《中小城镇新生代农民工市民化意愿影响因素研究——基于江西省1056位农民工的调查》，《调研世界》2015年第3期。

[6]　刘兆征：《农业转移人口市民化的意愿、障碍及对策——基于山西的调查分析》，《国家行政学院学报》2016年第3期。

[7]　夏显力、张华：《新生代农民工市民化意愿及其影响因素分析——以西北3省30个村的339位新生代农民工为例》，《西北人口》2011年第32卷第2期。

了研究，发现有 50.26% 的受访农民工有市民化意愿。[①] 但由于调查年份和调查范围不同，农民工市民化意愿究竟是高还是低还未有统一的结论。

此外，还有研究关注女性农民工和回族农民工市民化问题。何晓红（2007）对女性农民工市民化面临的障碍进行了分析，认为思想障碍、制度障碍、政策障碍、组织障碍、女性农民工自身素质障碍、文化传统障碍等方面的限制，制约了女性农民工市民化的顺利推进。[②] 马金龙和李录堂（2011）对回族农民工市民化问题进行了研究，发现回族独特的民族特性致使回族农民工迁移及市民化与其他民族有所不同。[③]

第三节　研究思路与研究方法

一　研究思路

本书主要是基于农民工群体内部分化的视角，即代际分化、就业方式分化和流向区域分化，对不同农民工子群体的基本特征、市民化状况和市民化影响因素进行比较分析，探究不同农民工子群体的市民化状况和市民化影响因素是否存在相似性或差异性。本书的框架安排如下：

第一章为绪论。首先，对本研究的研究背景与研究意义进行阐述。其次，对已有研究进行文献回顾，文献回顾分为农民工市民化研究、农民工内部分化研究以及农民工内部分化与市民化研究三个部分。再次，介绍本研究的研究思路与研究方法。最后，指出本研究可能实现的创新之处与存在的不足之处。

---

① 宋周、黄敏、李正彪：《农业转移人口市民化意愿及影响因素——以成都市为例的分析》，《四川师范大学学报》（社会科学版）2014 年第 5 期。

② 何晓红：《和谐社会构建中女性农民工市民化障碍探析》，《商业研究》2007 年第 1 期。

③ 马金龙、李录堂：《回族农民工迁移及市民化研究的理论探讨》，《西北人口》2011 年第 32 卷第 2 期。

第二章为概念界定与理论基础。本研究涉及的主要概念为农民工、农民工市民化、农民工内部分化、新生代农民工和老一代农民工、自雇就业农民工和受雇就业农民工。本研究的主要理论依据为人口迁移理论、社会分层与社会流动理论、人力资本理论、社会资本理论、自雇就业理论和社会融入理论。

第三章为农民工群体的产生与内部分化。首先，对农民工群体的产生与农民工的群体特征进行分析。在此基础上，从社会因素和个体因素两个方面对农民工群体内部分化的成因进行分析，并对农民工群体内部分化的体现（代际分化、就业方式分化和流向区域分化）进行分析。

第四章为农民工市民化的历史演进与现状。首先，结合各时期对农民工流动的政策导向，对自改革开放以来的农民工市民化历史演进进行分析。其次，从经济活动、基本公共服务和社会融入三个层面对农民工市民化现状进行分析。经济活动层面的市民化现状包括就业行业、劳动时间、劳动合同、收入现状和消费现状；基本公共服务层面的市民化现状包括居住现状、社会保障现状和教育培训现状；社会融入层面的市民化现状包括社会参与、社会交往、城市归属感和身份认同现状。

第五章对农民工市民化的影响因素进行实证分析。本章从意愿和能力相结合的视角对农民工市民化的影响因素进行分析。从个体特征、人力资本、社会资本、心理资本和制度性因素五个维度对农民工市民化意愿的影响因素进行实证分析；从个体特征、人力资本、社会资本和流动特征对农民工市民化能力的影响因素进行实证分析，以从整体上分析农民工市民化的影响因素。

第六章为代际分化与农民工市民化。首先，对新生代农民工和老一代农民工的基本特征进行比较分析。其次，从经济活动、基本公共服务和社会融入三个维度对新生代农民工和老一代农民工的市民化状况进行比较分析。最后，对新生代农民工和老一代农民工市民化的影响因素进行比较分析。

第七章为就业方式分化与农民工市民化。首先，从人力资本、社会资本和个体特征三个维度对农民工就业方式选择的影响因素进行实证分析。其次，对自雇就业农民工和受雇就业农民工的基本特征进行比较分析。再次，从经济活动、基本公共服务和社会融入三个维度对自雇就业农民工和受雇就业农民工的市民化状况进行比较分析。最后，对自雇就业农民工和受雇就业农民工市民化的影响因素进行比较分析。

第八章为流向区域分化与农民工市民化。首先，对东部、中部和西部地区经济发展水平和城镇化水平进行分析。其次，对东部、中部和西部地区农民工的基本特征进行比较分析。再次，从经济活动、基本公共服务和社会融入三个维度对东部、中部和西部地区农民工的市民化状况进行比较分析。最后，对东部、中部和西部地区农民工市民化的影响因素进行比较分析。

第九章为主要结论与政策建议。

二　数据来源

本研究所用数据主要来源于国家统计局历年（2009—2016年）《农民工监测调查报告》、国家卫生健康委员会（原国家卫生和计划生育委员会）2013年流动人口动态监测调查、《中国统计年鉴》、《中国发展报告》、人力资源和社会保障部历年《人力资源和社会保障事业发展统计公报》。

（一）农民工监测调查

为准确反映全国农民工规模、流向、分布、就业、收支、生活和社会保障等情况，国家统计局2008年建立农民工监测调查制度，在农民工输出地开展监测调查。调查范围是全国31个省（自治区、直辖市）的农村地域，在1527个调查县（区）抽选了8930个村和23.5万名农村劳动力作为调查样本。采用入户访问调查的形式，按季度进行调查。

（二）流动人口动态监测调查

原国家卫生和计划生育委员会于2013年在8个城市开展流动人

口动态监测社会融合专题调查。调查对象为在本地居住一个月及以上，非本区（县、市）户口的 15—59 周岁男性和女性流动人口，调查在上海市松江区，江苏省苏州市、无锡市，福建省泉州市，湖北省武汉市，湖南省长沙市，陕西省西安市、咸阳市开展。调查涉及流动人口的基本情况、就业与收入支出、公共服务与社会保障、婚育情况与计划生育服务和社会融合等内容，样本量为 16878 个。其中，户口性质为农业的流动人口 14920 人，占全体调查对象的 88.4%；户口性质为非农业的流动人口 1913 人，占全体调查对象的 11.3%；户口性质为其他的流动人口 45 人，占全体调查对象的 0.3%。在此基础上，选取"在业"的样本（13494 名），选取在城市从事非农产业（第二、三产业）的样本 13337 名。

三　研究方法

本研究的研究方法主要有文献研究法、比较研究法和定量分析法。

（一）文献研究法

文献研究法是指利用文献资料间接考察历史事件和社会现象的研究方法。它包括理论文献的阐释，统计资料文献的整理与分析以及对文字资料中的信息内容进行数量化分析，等等。[1] 本研究通过大量搜集和阅读农民工市民化研究的相关文献，对已有研究进行梳理，最终确定本书的研究视角，即以农民工内部分化为视角对农民工市民化问题进行研究。通过对文献进行梳理，将已有研究归结为农民工市民化研究、农民工内部分化研究及农民工内部分化与市民化研究三部分，这为本研究奠定重要的理论基础。同时，对国家统计局《2016 年农民工监测调查报告》和人社部《2016 年度人力资源和社会保障事业发展统计公报》中的数据进行整理，对农民工市民化的现状进行分析。

---

[1]　林聚任、刘玉安：《社会科学研究方法》，山东人民出版社 2004 年版，第 128 页。

（二）比较研究法

比较研究法，又称类比分析法，是指对两个或两个以上的事物或对象加以对比，以找出它们之间的相似性或差异性的一种分析方法。它是人们认识事物的一种基本方法。① 本研究基于农民工内部分化的视角，对不同农民工子群体，即老一代农民工与新生代农民工，受雇就业农民工与自雇就业农民工，以及东部、中部和西部地区农民工的市民化状况及影响因素进行比较分析，以探究不同农民工子群体的市民化状况及影响因素是否呈现出相似性或差异性。

（三）定量分析法

定量分析法是指用数学方法对自然界和人类社会中存在的各种现象进行研究，并用数学变量来描述和刻画其中的客观规律的方法。定量分析法的实质就是数学方法，在社会科学领域中，称其为定量方法。② 定量分析的主要功能是"实证"③。本研究运用 Logistic 回归模型对农民工市民化的影响因素进行实证分析；运用 Probit 模型对农民工就业方式选择的影响因素进行实证分析。

第四节　研究创新与不足

一　可能实现的创新之处

首先，在研究视角上，本研究以农民工内部分化为视角对农民工市民化进行研究。除关注代际分化外，还关注就业方式分化和流向区域分化与农民工市民化之间的关系，在研究视角上有一定程度的创新。从已有研究来看，多是将农民工视为一个具有高度同质性的群体，而以农民工内部分化为视角对农民工市民化展开的研究相对较少，且以内部分化为视角展开的研究主要集中在代际分化上。然而，

---

① 林聚任、刘玉安：《社会科学研究方法》，山东人民出版社 2004 年版，第 151 页。
② 许晓东：《定量分析方法》，华中科技大学出版社 2008 年版，第 11 页。
③ 孙建军、成颖、邵佳宏、徐美凤：《定量分析方法》，南京大学出版社 2002 年版，第 2 页。

代际分化仅仅是农民工内部分化的一个方面，农民工内部分化还体现在就业方式分化和流向区域分化上。因此，本研究主要关注代际分化、就业方式分化和流向区域分化与农民工市民化之间的关系，对不同农民工子群体的市民化状况和市民化影响因素进行比较分析，探究不同农民工子群体的市民化状况和市民化影响因素是否呈现出相似性或差异性。

其次，本研究以市民化意愿和市民化能力作为农民工市民化的衡量指标。已有研究较多地对农民工市民化意愿及其影响因素进行了研究，而对农民工市民化能力及其影响因素的关注则略显不足。因此，本研究以市民化意愿和市民化能力作为农民工市民化的衡量指标，对农民工以及不同农民工子群体市民化的影响因素进行实证分析。

二　不足之处

本研究的不足之处在于数据的匮乏。国家统计局 2015 年才建立农民工市民化监测调查制度，调查范围是全国 31 个省（自治区、直辖市）的城镇地域。已有对农民工市民化的研究也多是基于单一城市或地区的实地调研，缺乏代表性；同时，由于调查时间和调查范围不同，研究结论缺乏可比性。由于缺乏全国性的农民工市民化的大样本数据，本研究所用数据主要是来源于 2013 年原国家卫生和计划生育委员会在 8 个城市开展的流动人口动态监测调查，调查覆盖了东、中、西部地区，并兼顾了大、中、小不同类型的城市，具有一定的代表性。调查内容涉及农民工基本情况、就业与收入支出、公共服务与社会保障、婚育情况与计划生育服务和社会融合几个方面，能够准确地透视农民工在流入城市的生存状态，是目前为止可以获得的调查范围较广、调查内容较为全面的数据，最符合本研究的需要。同时，本研究基于国家统计局发布的《2016 年农民工监测调查报告》，从经济活动、基本公共服务和社会融入三个层面对农民工市民化的现状进行分析，以从整体上把握农民工市民化的状况。

此外，就数据时效性而言，自调查年份 2013 年至今，农民工问题一直得到高度重视，党中央、国务院出台一系列政策措施来改善农民工在城市就业、住房和社会保障等问题，农民工在城市的生存状态和市民化状况也发生了一定的变化。但是，本研究主要是基于农民工内部分化的视角，对不同农民工子群体的市民化状况和市民化影响因素进行比较分析，探究不同农民工子群体的市民化状况和市民化影响因素是否呈现出相似性或差异性。而不同农民工子群体在市民化状况上的相对差异性和市民化影响因素的差异性不会随时间的推移而发生较大变化。因此，就数据时效性而言，本研究使用 2013 年的调查数据不会对研究结论构成较大的影响。

第二章　概念界定与理论基础

第一节　概念界定

一　农民工

"农民工"一词最早出现于 1984 年中国社会科学院《社会科学通讯》，随后这一称谓逐渐被广泛使用。[①] 目前，学界对"农民工"这一概念尚未有统一的界定，研究主要是从户籍或身份、地域、职业、劳动关系和外出时间等几个方面对农民工进行界定。

宋林飞（2005）从社会结构转型的角度对农民工进行界定，认为社会结构的主要变化是大量农民转化为工人等城市居民，这一社会群体是新兴工人阶层与新市民。由于他们还保留着农民的身份，于是被人们称之为"农民工"。[②]

王春光（2005）从职业、制度身份、劳动关系和地域四个层面界定农民工。从职业层面来看，农民工从事的是非农职业或以非农为主要职业；从制度身份层面来看，他们在户籍上还是农业户口，属于农民身份；从劳动关系层面来看，农民工是被雇佣者；从地域层面来看，他们来自农村，是农村人口。因此，农民工指的是被雇佣去从事非农活动、属于农业户口的农村人口。[③]

---

① 国务院研究室课题组：《中国农民工调研报告》，中国言实出版社 2006 年版，第 2—3 页。

② 宋林飞：《"农民工"是新兴工人群体》，《江西社会科学》2005 年第 3 期。

③ 王春光：《农民工：一个正在崛起的新工人阶层》，《学习与探索》2005 年第 1 期。

　　郑功成和黄黎若莲（2006）认为，农民工是指具有农村户口身份却在城镇或非农领域务工的劳动者，是中国传统户籍制度下的一种特殊身份标识，是中国工业化进程加快和传统户籍制度严重冲突的客观结果。[①]

　　张跃进和蒋祖华（2007）认为，农民工是国际工业化历史上的一个新概念，是中国社会转型期及城乡碰撞中形成的具有独特意义的中国式概念，是指从农民中分化出来、与农村土地保持一定的经济联系、从事非农生产和经营、以工资收入为主要生活来源，并具有非城镇居民身份的非农化从业人员。[②]

　　在国家统计局《农民工监测调查报告》中，农民工指户籍仍在农村，在本地从事非农产业或外出从业6个月及以上的劳动者。本地农民工指在户籍所在乡镇地域以内从业的农民工，外出农民工指在户籍所在乡镇地域外从业的农民工。

　　在本研究中，从户籍、地域和职业对农民工进行界定，将农民工定义为户籍在农村、在城镇从事非农产业的务工人员。

二　农民工市民化

　　学界从不同角度对农民工市民化的概念或内涵进行了界定，这一概念或内涵的核心是农民工实现由农民向市民的转变或转换，这种转变或转换主要体现在身份、职业、行为方式、自身素质和地域等几个方面。

　　黄祖辉等（1989）认为，农民的市民化不是指所有的农民都转变为城市居民，而是指转移农民的市民化。并认为农村的发展最终应体现在农民身份的转变上，而农民身份的转变既应该从其收入水平、生活方式、居住环境、文化素质的变化来反映，又应该从整个社会的人

---

　　① 郑功成、黄黎若莲：《中国农民工问题：理论判断与政策思路》，《中国人民大学学报》2006年第6期。

　　② 张跃进、蒋祖华：《"农民工"的概念及其特点研究初探》，《江南论坛》2007年第8期。

口比例与分布结构来反映。①

"我国农村劳动力转移与农民市民化研究"课题组（2003）将农民市民化定义为农民向城市转移并逐渐转变为市民的一种过程和状态，期间伴随着意识、行为方式和生活方式的变化。②

文军（2004）认为，"农民市民化"这一概念至少可以从狭义和广义两个方面来理解。狭义的农民市民化主要是指农民、城市农民工等在身份上获得作为城市居民相同的合法身份和社会权利的过程，如居留权、选举权、受教育权、劳动与社会保障权等。广义的农民市民化是指在我国现代化建设过程中，借助于工业化和城市化的推动，使现有的传统农民在身份、地位、价值观、社会权利以及生产生活方式等各方面全面向城市市民的转化，以实现城市文明的社会变迁过程。③

郑杭生（2005）认为，市民化是指作为一种职业的"农民"（Farmer 或 Cultivator）和作为一种社会身份的"农民"（Peasant）在向市民（Citizen）转变的进程中，发展出相应的能力，学习并获得市民的基本资格、适应城市并具备一个城市市民基本素质的过程。④

刘传江（2006）将农民工市民化定义为离农务工经商的农民工克服各种障碍最终逐渐转变为市民的过程和现象。它包括四个层面的含义：一是职业由次属的、非正规劳动力市场上的农民工转变成首属的、正规的劳动力市场上的非农产业工人；二是社会身份由农民转变成市民；三是农民工自身素质的进一步提高和市民化；四是农民工意识形态、生活方式和行为方式的城市化。⑤

赵立新（2006）认为，农民工市民化是指离开原居住地半年以上

---

① 黄祖辉、顾益康、徐加：《农村工业化、城市化和农民市民化》，《经济研究》1989年第3期。

② "我国农村劳动力转移与农民市民化研究"课题组：《农民市民化的趋势与国内相关理论学派的主张》，《经济研究参考》2003年第5期。

③ 文军：《农民市民化：从农民到市民的角色转型》，《华东师范大学学报》（哲学社会科学版）2004年第36卷第3期。

④ 郑杭生：《农民市民化：当代中国社会学的重要研究主题》，《甘肃社会科学》2005年第4期。

⑤ 刘传江：《中国农民工市民化研究》，《理论月刊》2006年第10期。

并在城市务工经商的农民逐步向城市居民转化的过程，是农民身份向城市居民身份的彻底转化。它具有户口性质的变动、地域的转换、产业的转换和文化的转变四个方面的涵义。①

王桂新（2008）将农民工市民化定义为迁居城市的农民工在城市社会环境中逐步向城市居民转变的过程，它是中国特有城市化发展过程中的后期阶段，也是一个关键阶段。农民工完成市民化的重要标志，就是成为城市户籍居民，享受与城市户籍居民的同等待遇。②

徐建玲（2008）引入经济学中意愿和能力相结合的概念，将农民工市民化定义为在我国城市化进程中那些既具有市民化意愿又具有市民化能力的农民工在城市定居融合的过程。③

国务院发展研究中心课题组（2011）认为，农民工市民化的过程，实质是公共服务均等化的过程。并将农民工市民化的内涵界定为以农民工整体融入城市公共服务体系为核心，推动农民工个人融入企业，子女融入学校，家庭融入社区，也就是农民工在城市"有活干，有学上，有房住，有保障"。④

人力资源社会保障部劳动科学研究所课题组（2013）将农民工市民化定义为进城农民工彻底割断与乡村土地和农业生活劳动的关系，在城市或城镇中固定居住、固定工作，并取得与城市市民相同的身份（城市户口）、享受与城市居民相同的权益保障的过程，其目标是实现非农劳动为主、居住城市并享有城市市民权利。⑤

在本研究中，农民工市民化是指农民工在经济活动、基本公共服

---

① 赵立新：《城市农民工市民化问题研究》，《人口学刊》2006 年第 4 期。

② 王桂新、沈建法、刘建波：《中国城市农民工市民化研究——以上海为例》，《人口与发展》2008 年第 14 卷第 1 期。

③ 徐建玲：《农民工市民化进程度量：理论探讨与实证分析》，《农业经济问题》2008 年第 9 期。

④ 国务院发展研究中心课题组：《农民工市民化进程的总体态势与战略取向》，《改革》2011 年第 5 期。

⑤ 人力资源社会保障部劳动科学研究所课题组：《农民工市民化发展研究》，国务院农民工办课题组：《中国农民工发展研究》，中国劳动社会保障出版社 2013 年版，第426 页。

务和社会融入三个层面向市民转变的过程。其中，经济活动层面的市民化包括农民工就业、收入和消费情况；基本公共服务层面的市民化包括农民工教育培训、社会保障、住房保障情况；社会融入层面的市民化包括农民工的社会参与、社会交往、城市归属感和身份认同情况。

三　农民工内部分化

在已有研究中，与农民工"内部分化"相类似的概念有二次分化、分化、分类、分层、异质性等。

唐灿和冯小双（2000）提出流动农民"二次分化"的概念。所谓二次分化，是指改革开放以后，在原有意义上的农民分化为若干职业群体后，作为一个统一身份群体的流动农民内部的再分化，即形成若干类别群体或等级群体的过程。[1]

谢建社（2006）提出"农民工分层"的概念，将其定义为在农民工群体分化的过程中，根据一定的标准将农民工群体划分为不同的等级和层次。[2]

王宗萍和段成荣（2010）指出，流动就业的农民工已经不再是一个高度同质性的群体，从性别、年龄结构到受教育水平，从流动时间到流动距离，从就业领域到社会保障需求，农民工都已经产生了明显的分化。[3]

龚文海（2012）指出，异质性一般被界定为差异性，是指对变化的一种把握，是将变化的性质科学化、规律化。异质性与同质性是相互对立而又彼此支持的两个方面。对于农民工群体异质性，主要是从农民工群体分层、分化和分类的角度进行界定和分析。[4]

---

① 唐灿、冯小双：《"河南村"流动农民的分化》，《社会学研究》2000 年第 4 期。

② 谢建社：《农民工分层：中国城市化思考》，《广州大学学报》（社会科学版）2006 年第 5 卷第 10 期。

③ 王宗萍、段成荣：《第二代农民工特征分析》，《人口研究》2010 年第 2 期。

④ 龚文海：《国内农民工群体异质性问题研究述评》，《人口与发展》2012 年第 18 卷第 5 期。

　　在本研究中，"农民工内部分化"指农民工从农民中分化出来后，作为一个独立于农民和市民的群体，其群体内部产生的进一步分化，这种分化具体体现在代际分化、就业方式分化和流向区域分化三个方面。

四　新生代农民工与老一代农民工

　　学界主要是以农民工的出生年代、初次外出年代、动机与行为逻辑、宏观社会变迁的节奏等作为对农民工代际划分的依据，将农民工划分为两代或三代。

　　王春光（2001）首次提出"新生代农村流动人口"的概念，将20世纪80年代初次外出的农村流动人口算作第一代，而90年代第一次外出的算作新生代。[①] 这一概念有两层含义，一层含义是他们是年龄在25岁以下、于20世纪90年代外出务工经商的农村流动人口；另一层含义是他们不是第二代农村流动人口，而是介于第一代与第二代之间过渡性的农村流动人口。[②] 然而，赵芳（2003）认为，"新生代流动人口"概念的内涵是不确切的，外出务工人员的各项指标受到很多因素干扰，远不是90年代外出并且现年25岁以下就能满足要求的。[③]

　　刘传江和徐建玲（2007）依据出生年份将农民工划分为第一代农民工和第二代农民工。第二代农民工是相对于改革开放后于20世纪80年代中期到90年代中期从农业和农村中流出并进入非农产业就业的第一代农民工而言的，指1980年以后出生，20世纪90年代后期开始进入城市打工的农民工。这两代农民工的个人特征、流动外出动因

---

　　① 王春光：《新生代农村流动人口的社会认同与城乡融合的关系》，《社会学研究》2001年第3期。

　　② 罗霞、王春光：《新生代农村流动人口的外出动因与行动选择》，《浙江社会科学》2003年第1期。

　　③ 赵芳：《"新生代"，一个难以界定的概念——以湖南省青玄村为例》，《社会学研究》2003年第6期。

及特点等方面均有着较大的差异。①

　　然而，也有研究认为，农民工在代际上已经实现了三代更替，而不是两代。邓大才（2008）以农民打工的动机与行为逻辑为依据，将改革开放以来的打工者分为三代：第一代打工者是指分田到户后的第一批外出打工人员，第二代打工者是指20世纪90年代的外出打工人员，第三代打工者是指20世纪90年代出生、2000年以后外出打工的青年农民。第一代打工者追求生存最大化，第二代打工者追求货币最大化，第三代打工者追求利益最大化，三代打工者分别遵循生存逻辑、货币逻辑和前途逻辑。② 陈辉和熊春文（2011）根据宏观社会变迁的节奏以及农民工微观社会经验和思想模式两大标准对农民工代际划分的理论框架进行探讨，认为自1978年以来，我国的农民工阶层至少实现了三代分化。第一代为1980—1988年因家庭联产承包制改革的推动加入到农民工队伍的群体，这一群体在1985年达到高峰，规模约为7000万。第二代为1989—2000年因深入的市场化和城市化改革加入到农民工的群体，其规模持续增加，到2000年数量接近1亿人。第三代为2001年后加入到农民工阶层的群体，其规模持续增加，到2010年超过2亿人。他们有部分出生在农村，但很大一部分有过留守儿童的经验，也有部分是在城市出生的，曾为流动儿童。③

　　此外，部分研究同样将农民工划分为三代，其中第三代农民工指的是"90后"农民工。韩长赋（2010）认为，第一代农民工是20世纪80年代农村政策放活以后出来打工的农民工，这一代农民工早已人过中年，除了少部分具有技术专长或管理能力的人成为企业经营者，大部分人已回到农村；第二代农民工大多是20世纪80年代成长起来的农民，随着90年代我国经济快速发展、经济外向度大幅提高

---

① 刘传江、徐建玲：《第二代农民工及其市民化研究》，《中国人口·资源与环境》2007年第17卷第1期。

② 邓大才：《农民打工：动机与行为逻辑——劳动力社会化的动机—行为分析框架》，《社会科学战线》2008年第9期。

③ 陈辉、熊春文：《关于农民工代际划分问题的讨论——基于曼海姆的代的社会学理论》，《中国农业大学学报》（社会科学版）2011年第28卷第4期。

而外出打工；第三代农民工是 20 世纪 90 年代后出生的农民工，可统称为"90 后"，具有其特殊性和今后的成长性。[①] 杨菊华（2015）以流动人口的出生年代为依据，将流动人口划分为老生代、中生代和新生代三代。老生代为 1980 年前出生的流动人口；中生代为 1980—1990 年间出生的流动人口；新生代为 1990 年后出生的流动人口，他们构成了流动人口群体中的生力军。[②] 但也有研究认为，"90 后"农民工的群体特性更多表现为新生代农民工群体特性的整体延续和自然演变，"90 后"农民工与"80 后"农民工之间没有出现新生代农民工与老一辈农民工那样的"鸿沟""裂变"式代际差异。因此，将"90 后"农民工冠之以"第三代农民工"是不恰当的。[③]

在本研究中，以农民工的出生年份作为代际划分的依据，将农民工划分为老一代农民工和新一代农民工。1980 年以前出生的为"老一代农民工"，1980 年及以后出生的为"新生代农民工"。

五　自雇就业农民工与受雇就业农民工

国际劳工组织（ILO）（1993）将劳动者的"就业状态"分为雇员（employees）、雇主（employers）、自营劳动者（own-account workers）、生产合作社成员（members of producers' cooperatives）、家庭帮工（contributing family workers）和其他不便分类的劳动者（workers not classifiable by status）。其中，雇员的工作类型属于"受雇就业"；雇主、自营劳动者、生产合作社成员和家庭帮工的工作类型属于"自雇就业"。

Yamada（1996）将自雇就业者定义为自己为自己工作，并凭借其劳动（包括人力资本）、物质资本和企业家技能获得报酬的人；将受雇

---

① 韩长赋：《关于"90 后"农民工》，《人民日报》2010 年 2 月 1 日第 7 版。
② 杨菊华：《90 后流动人口社会融合的困难》，《中国社会科学报》2015 年 11 月 18 日第 6 版。
③ 王兴周：《"90 后农民工"群体特性探析——以珠江三角洲为例》，《广西民族大学学报》（哲学社会科学版）2013 年第 1 期。

就业者（工资获得者）定义为仅凭其劳动和人力资本获得报酬的人①。

吴晓刚（2006）认为，"自雇活动"是一个定义宽泛的概念，从字面上理解，与拿工资受雇于人相对，包括在非农产业部门为自己工作的所有工作。一个自雇者既可以雇佣工人，也可以不雇。在中国，自雇业者通常包括"个体户"和"私营企业主"。②

Tervo（2008）依据"就业状态"，即受雇者在劳动力市场中的地位，将受雇者分为工资和薪水获得者、企业家（包括无薪家庭帮工）和无业者。③

可见，对于自雇就业和受雇就业的分类尚未有统一的标准，特别是"家庭帮工"这一就业方式，是将其归类为自雇就业还是受雇就业存在一定争议。在本研究中，根据农民工的就业方式，将农民工分为自雇就业农民工和受雇就业农民工。自雇就业农民工包括雇主、自营劳动者和家庭帮工，受雇就业农民工指雇员。

第二节　理论基础

一　人口迁移理论

（一）迁移七大定律

雷文斯坦在对19世纪的英国等20多个国家的人口迁移历史资料进行研究后，针对迁移模式、迁移距离、迁移动机和迁移者特征等问题提出了"迁移七大定律"。第一，人口迁移受距离的影响，多数都倾向于短距离的迁移，长距离的迁移也只移向工商业都市的中心；离中心越远，迁移人口越少。第二，人口迁移常呈阶段性，大商业中心

---

① Yamada G. , "Urban Informal Employment and Self-Employment in Developing Countries: Theory and Evidence", *Economic Development and Cultural Change*, Vol. 44, No. 2, 1996, pp. 289 – 314.

② 吴晓刚：《"下海"：中国城乡劳动力市场转型中的自雇活动与社会分层（1978—1996）》，《社会学研究》2006年第6期。

③ Tervo H. , "Self-employment Transitions and Alternation in Finnish Rural and Urban Labour Markets", *Papers in Regional Science*, Vol. 87, No. 1, 2008, pp. 55 – 76.

吸引周围乡镇的居民迁入，当这些人迁到大都市后所留下的空缺则由更远处村庄的居民所替代，并逐步影响到更偏远的村庄；反之，大城镇人口的向外扩散亦是阶段性的，由近而远地向外扩散。第三，每一人口迁移的流向同时也有反流向存在。第四，城镇居民与乡村居民相比，较少迁移。第五，短距离的迁移以女性居多。第六，运输、交通工具与工商业的发展使人口迁移增加。第七，迁移以经济动机为主，虽然受压迫、沉重的赋税、恶劣的气候、生活条件差等因素也是促使人口迁移的原因，但其中的经济因素仍然最重要，人们为了改善物质生活而迁移的情形占绝大多数。[1]

（二）推拉理论

1938 年，R. 赫伯尔首次提出人口迁移的推力和拉力作用理论，即促使一个人离开迁出地的"推力"和吸引他到迁入地的"拉力"。对于每一种迁移行为或一个迁移者来说，可能会同时存在多种推力和拉力，是这些力量的综合作用决定着迁移过程的发生。推拉理论模式通过对迁出地和迁入地两极作用的分析，高度概括和解释了人口迁移的复杂过程，所以至今仍被广泛接受。[2]

（三）刘易斯二元经济模型

20 世纪 50 年代中期，威廉·阿瑟·刘易斯在《无限劳动供给下的经济发展》一文中提出了二元经济结构发展模型，也称为无限过剩劳动力发展模型，其目的是论证发展中国家农业劳动力向城镇工业部门流动的两部门人口流动模型。刘易斯认为，发展中国家一般存在着二元经济结构，即发展中国家的经济结构由传统的自给自足的农业部门和现代工业部门组成。在传统农业部门，不可再生性的土地是生产的基础，耕地面积的扩展是有限的，生产技术简单而变化缓慢。另外，农村人口持续增长，劳动力遵照"共同体"原则，参加劳动产品分配。其结果，使得相对于土地资源，劳动力过剩，使劳动力处于

---

① 尹豪：《人口学导论》，中国人口出版社 2006 年版，第 158—159 页。
② 同上书，第 159 页。

不充分就业或隐蔽性失业状态。在其他要素不增加的条件下，一部分劳动产值和边际生产率接近于零或负增长。正因为如此，刘易斯认为，将这些剩余劳动力从农业部门抽出来不会减少农业生产。在高劳动生产率的现代工业部门，生产规模的扩大和生产速度的提高超过人口增长速度，使劳动就业人口的边际效应递增，人口平均收入不断提高。传统的人口过剩的农业部门和高劳动生产率的现代部门在经济结构和收入上的差异，导致仅能维持生存的农业部门的剩余劳动力源源不断地转向现代工业部门，为城市现代工业部门所吸收。[①]

刘易斯的模型提出以后，人们在肯定该模型合理性的同时，也指出了刘易斯模型所存在的缺陷。其中最为人诟病的是刘易斯对劳动力无限供给的假定以及模型中对农业发展重要性的忽视。为此，拉尼斯和费景汉在 20 世纪 60 年代初对刘易斯模型进行了修正，将农业部门的发展也纳入了分析的范畴，提出了拉尼斯—费景汉模型。

（四）拉尼斯—费景汉模型

拉尼斯和费景汉认为，农业部门除了能够为工业部门的扩张提供丰富而廉价的劳动力之外，还可为工业部门提供农产品的支持。这种农产品支持被拉尼斯和费景汉定义为农业剩余。它是指农产品总量在满足农民消费之后所剩余的部分。决定农业剩余大小的因素有两个：一是农业部门的农业生产率；二是农业部门的劳动力总量。当农业部门中的劳动力总量在随工业部门扩张而逐渐减少时，保持和提高农业剩余的关键就是必须依靠农业部门劳动生产率的提高，也即农业部门自身的发展。所以，农业部门的发展天然就与工业部门的发展紧密地联系在一起。正是基于以上认识，拉尼斯和费景汉建立了一个包含工、农两部门共同发展的人口流动模型。[②] 由于该模型直接脱胎于刘易斯模型，因此人们又将其称为"刘易斯—拉尼斯—费景汉模型"。但拉尼斯和费景汉的贡献是显而易见的：他们给予了农业部门在经济

---

① 李仲生：《欧美人口经济学说史》，世界图书出版公司 2013 年版，第 256 页。

② 张培刚、张建华：《发展经济学》，北京大学出版社 2009 年版，第 390—393 页。

发展中的合理地位，并比较透彻地分析了农业部门是如何决定和影响工业部门的扩张和劳动力的转移的。这是对刘易斯模型的重大发展。

在20世纪60年代末、70年代初，随着经济的发展，许多发展中国家开始遇到了始料未及的严重的城市失业现象：大批劳动力在城市中找不到工作，而同时又有越来越多的农民正在试图离开农村而进入城市。人口流动不仅未能带来经济发展，反而成为经济发展的障碍和拖累。这一现象是传统人口流动模型所难以解释的。对此，美国经济学家托达罗提出了一个预期收入的模型，来解释城市存在大量失业与乡村人口向城市涌入两种并存的现象。

（五）托达罗模型

托达罗对城市存在大量失业与乡村人口向城市涌入两种并存的现象作出了解释。他认为，人口迁移基本上是一种经济现象，是一种合乎理性的经济行为。尽管城市中存在失业，流入城市的人们还是可以作出合理决策的选择，他们所关心的，与其说是城乡现实的收入差异，不如说是城乡预期的收入差异。无论是已经开始迁移的人口，还是准备迁移的人口，都把农村的现实收入与如果迁入城市后能找到工作机会的预期收入作出比较，以决定其择业。总之，影响他们预期的是两个因素：一是城乡之间的实际工作差异；二是在城市求得工作机会的概率。由于在获取正式工作之前，有一个过渡期，流入城市未必能马上找到工作，他就必须在农村现实的较低收入和城市可能的较高收入及可能的失业概率之间作出自己的理性的决策。[①] 托达罗模型被研究发展中国家的城乡人口迁移的经济学家们广泛接受，并通过了不少发展中国家实际人口迁移资料的验证，从而证明该模型对于发展中国家的人口迁移具有一定的参考价值。

二　社会分层与社会流动理论

社会分层和社会流动是对某个国家或地区同一类社会现象所做的

---

① 李仲生：《欧美人口经济学说史》，世界图书出版公司2013年版，第264—265页。

两种视角的分析和描述。社会分层是从静态的角度，分析描述社会阶层结构的分化、内容、形式、形成的层次和分布形态，是研究社会阶层结构分化的质变过程。社会流动是从动态的角度，分析描述社会阶层结构分化中各层次间的活动、动力机制、时空范围、方向和速度，是研究社会阶层结构分化的量变过程。社会分层研究与社会流动研究互为表里，不可或缺，是相辅相成的关系。①

（一）社会分层理论

"分层"本是地质学家分析地质结构时所使用的概念，是指地质构造的不同层面。社会学家在研究社会时，发现社会存在着不平等，人与人之间，群体与群体之间，也像地层结构那样分成高低有序的若干等级层次，形成了"社会分层"这一社会学范畴。所谓社会分层，就是指社会成员被区分成高低有序的不同等级和层次的过程与现象。②在社会分层的理论中，一般认为卡尔·马克思和马克斯·韦伯提供了不同的但是最基本的理论模式和分析框架，即人们所熟悉的阶级理论和多元社会分层理论。③

马克思认为阶级起源于分工和私有制。自然分工导致社会分工，社会分工导致私有制的出现，私有制出现以后阶级也就出现了。马克思主要是根据对生产资料的占有来划分社会阶级。占有生产资料的阶级是统治阶级，不占有生产资料的阶级是被统治阶级。④

在西方社会学中，最早提出社会分层理论的是德国社会学家韦伯。韦伯认为，在研究社会不平等时，把经济作为分层标准是必要的。但社会的分层结构是一个多层面的统一体，除了经济地位之外，至少还有两种同样重要的分层属性，在造成社会不平等方面具有突出影响力，这就是声誉和权力。由此，韦伯主张从经济、声誉、权力三

① 陆学艺：《研究社会流动的意义》，《中国党政干部论坛》2004 年第 8 期。
② 风笑天、陈万柏：《社会学》，华中师范大学出版社 1994 年版，第 184 页。
③ 李路路：《论社会分层研究》，《社会学研究》1999 年第 1 期。
④ 李斌：《社会学》，武汉大学出版社 2009 年版，第 187 页。

个角度综合考察一个社会的经济、文化和政治三大领域中的不平等。①

此外，国内学者对分析社会分层的方法、社会阶层分化的机制和划分社会分层的标准进行了研究。

朱力（1995）将社会分层定义为依据一定的同一性标准，把社会成员划分为不同层次的过程。分析社会分层的方法主要有阶级分析法、阶层分析法、利益群体分析法和身份分析法。②

陆学艺（2004）认为，当代中国社会阶层分化的最主要机制是劳动分工、权威等级、生产关系和制度分割，这四种分化机制形成了当前中国社会的几种最主要的社会关系，人们在这些社会关系结构中所处的位置，决定了他们的基本社会经济地位状况，即是否拥有或拥有多少组织资源、经济资源和文化资源。据此，划分出中国十大社会阶层：（1）国家与社会管理者阶层（拥有组织资源）；（2）经理人员阶层（拥有文化资源和组织资源）；（3）私营企业主阶层（拥有经济资源）；（4）专业技术人员阶层（拥有文化资源）；（5）办事人员阶层（拥有少量文化资源或组织资源）；（6）个体工商户阶层（拥有少量经济资源）；（7）商业服务业员工阶层（拥有很少量三种资源）；（8）产业工人阶层（拥有很少量三种资源）；（9）农业劳动者阶层（拥有很少量三种资源）；（10）城乡无业、失业、半失业者阶层（基本没有三种资源）。③

李强（2004）认为，社会分层是社会成员、社会群体因社会资源占有不同而产生的层化或差异现象，尤其是指建立在法律法规基础上的制度化的社会差异体系。④ 李强（2006）还提出了划分社会分层的十个标准：一是根据生产资料的占有或剥削与被剥削划分社会阶层；二是按照收入划分社会分层群体；三是按照市场地位划分阶层；四是根据职业划分社会阶层；五是根据政治权利划分阶层；六是按照文化

---

① 郑杭生：《社会学概论新修精编本》，中国人民大学出版社2014年版，第211页。
② 朱力：《改革中的社层分化与社会流动》，《南京社会科学》1995年第4期。
③ 陆学艺：《当代中国社会流动》，社会科学文献出版社2004年版，第6—8页。
④ 李强：《农民工与中国社会分层》，社会科学文献出版社2004年版，第2页。

资源区分阶层；七是社会资源（社会关系资源）；八是因社会声望资源不同而形成的分层群体；九是民权资源的分配；十是人力资源或人力资本的分配。①

（二）社会流动理论

与社会分层密切相关的一个概念是社会流动。社会流动是指社会成员在社会关系的空间中由某个社会位置向其他社会位置的移动，它既表现为个人社会地位的变更，又表现为个人社会角色的转换，同时也表现为个人社会关系的改变。②

影响社会流动的因素大致有宏观、中观和微观三个层面。宏观层面受制于社会结构和国家的制度安排，中观层面依赖于工作单位和家庭等社会生产单位和社会化组织供给的社会资源，微观层面取决于个人后天努力。其中，宏观和中观层面的因素属于先赋性因素，微观层面的因素属于自致性因素。就当代中国社会流动的影响因素而言，个人的后致性因素始终是支撑人们社会地位提升的基础性动因，制度性安排与代际传承作为先赋性因素交织地影响着人们的地位获得。③

三　人力资本理论

西奥多·舒尔茨（1961）认为，人的技能和知识是一种资本，这种资本有相当一部分是通过有意的投资而形成的。人力资本投资的形式主要有保健设施和服务、在职培训、正规教育、学习计划以及个人和家庭为适应工作机会的变动而进行的迁移。④

加里·贝克尔（1962）认为，人力资本投资的形式包括教育、在

---

① 李强：《试析社会分层的十种标准》，《学海》2006 年第 4 期。
② 刘祖云：《论社会流动的基本类型及其社会意义》，《社会科学研究》1991 年第 2 期。
③ 李炜：《社会流动的影响因素》，《中国党政干部论坛》2004 年第 8 期。
④ Schultz T. W.，"Investment in Human Capital"，*The American Economic Review*，Vol. 51，No. 1，1961，pp. 1 – 17.

职培训、医疗保健、营养投资、获得关于经济体制的信息。① 其中，教育和培训是人力资本最重要的投资形式。②

雅各布·明瑟尔（1962）认为，完成某一阶段的正规教育并不意味着人力资本投资过程的结束，接受培训可作为对正规教育的补充或替代从而继续人力资本的投资和积累。③

张凤林（2000）认为，人力资本是指蕴含于人本身的各种知识与技能的存量总和，它大致可划分为体能或身体素质、智能或科技文化素质和道德素质三个方面。④ 一个人在这三方面的素质越高，其人力资本的含量就越大，从事经济活动的能力也就越强；反之，越弱。

四　社会资本理论

皮埃尔·布尔迪厄首次系统地对社会资本进行分析。⑤ 他认为，资本主要以三种形式存在，即经济资本、文化资本和社会资本。其中，社会资本是由实际或潜在资源所构成的集合，这些资源与对相互熟识和认可的制度化关系网络的占有密不可分。同时，他认为，特定个体所拥有的社会资本总量取决于他能够有效动用的关系网络规模和他所拥有的经济、文化和符号资本总量。⑥

詹姆斯·科尔曼（1988）从功能的角度对社会资本进行定义，认为社会资本由一系列不同的实体构成，这些实体有两个共同之处：第

---

① Becker G. S., "Investment in Human Capital: A Theoretical Analysis", *The Journal of Political Economy*, Vol. LXX, No. 5, Part 2: Investment in Human Beings, pp. 9 – 49.

② Becker G. S., *Human Capital: A Theoretical and Empirical Analysis with Special Reference to Education*, 3rd ed. Chicago and London: The University of Chicago Press, 1993, p. 17.

③ Mincer J., "On-the-Job Training: Costs, Returns, and Some Implications", *The Journal of Political Economy*, Vol. 70, No. 5, 1962, pp. 50 – 79.

④ 张凤林：《现代人力资本投资理论及其借鉴意义》，《经济评论》2000 年第 4 期。

⑤ Portes A., "Social Capital: Its Origins and Applications in Modern Sociology", *Annual Review of Sociology*, Vol. 24, 1998, pp. 1 – 24.

⑥ Bourdieu P., *The Forms of Capital*, Richardson J., *Handbook of Theory and Research for the Sociology of Education*, Westport, CT: Greenwood, 1986, pp. 241 – 258.

一，它们都由社会结构的某些方面组成；第二，它们促进社会结构内的行动者（无论是个人或是企业）特定行为的发生。社会资本的形式分为以下三种：一是结构的责任（义务）、期望和信赖；二是信息渠道；三是规范和有效的制裁。[1]

马克·格兰诺维特（1973）提出了"弱关系优势理论"（The Strength of Weak Ties）。他将关系的强度定义为时间量、情感强度、亲密（相互信任）和互惠服务的（线性）组合，这种关系分为强关系、弱关系或无关系（如点头之交等）。通过研究发现，从个体角度来看，弱关系是获得流动机会的重要资源；从更宏观的立场来看，弱关系在促进社会融合方面也发挥着作用。[2]

国内学者对农民工社会资本的作用进行了研究，发现社会资本对于农民工经济地位的获得具有重要作用。李培林（1996）通过对济南市流动民工的调查发现，流动民工在其流动、生活和交往的整个过程中都更多地依赖以亲缘、地缘为纽带的初级社会关系网络。这种依赖相对于他们可以利用的社会资源来说，是一种非常理性的行为选择。[3] 赵延东和王奋宇（2002）的研究发现，社会资本是决定农民工在城市中收入和经济地位的最重要因素之一。相较于在求职时没有使用过社会网络的农民工而言，在求职时使用过社会网络的农民工更可能获得较高的收入。[4] 然而，也有研究认为，这种初级社会网络或社会资本在农民工流动的过程中也会产生负面影响，主要体现在限制农民工收入和消费水平的提高，阻碍农民工与城市人的交往和接触，阻碍农民工对城市社会的认同和归属感三个方面。[5]

[1] Coleman J. S., "Social Capital in the Creation of Human Capital", *American Journal of Sociology*, 1988, 94 (Supplement), pp. S95 - S120.

[2] Granovetter M. S., "The Strength of Weak Ties", *American Journal of Sociology*, Vol. 78, No. 6, 1973, pp. 1360 - 1380.

[3] 李培林：《流动民工的社会网络和社会地位》，《社会学研究》1996 年第 4 期。

[4] 赵延东、王奋宇：《城乡流动人口的经济地位获得及决定因素》，《中国人口科学》2002 年第 4 期。

[5] 牛喜霞：《社会资本在农民工流动中的负面作用探析》，《求实》2007 年第 8 期。

五　自雇就业理论

国外关于移民自雇就业的理论研究成果较为丰富。Borjas（1986）发现，移民选择自雇就业具有同化（Assimilation）效应，移民在美国居住的时间越长，选择自雇就业的可能性越大。相较于本地劳动者，移民更倾向于选择自我雇佣，这是因为移民（特别是那些在聚居地拥有相同国家背景或语言的移民）在地理上的聚居增加了其自雇就业的机会。[①]

Douglas 和 Shepherd（2000）发现，在其他条件相同的情况下，个体的管理技能和企业家技能越强，他们自我雇佣的动力越强。此外，个体对于风险规避的程度会影响其作出成为企业家的选择。对风险的承受力越强，个体自我雇佣的倾向越强。同样地，个体对自主或决策控制的偏好越强，个体自我雇佣的倾向也越强。[②]

Parker 等人（2005）提出自雇者"自我保障"（the self-employed 'self-insuring'）的观点，认为自雇者是通过付出更长的劳动时间以应对收入的不确定性。并用以解释相较于受雇者，自雇者虽然平均劳动时间更长，但收入却更低的现象。[③]

国内学者对于农民工自我雇佣问题有两种不同的理解。一种观点认为，农民工自我雇佣是受户籍制度的限制或劳动力市场的歧视所作出的被动选择或次优选择。李强和唐壮（2002）认为，由于户籍障碍等因素的限制，非正规就业是中国城市农民工的就业主渠道，这种非正规就业既包括在正规部门里作为"临时工"的农民工，也包括那些根本就没有任何正式单位，有组织或无组织小规模生产经营服务

①　Borjas G. J. , "The Self-Employment Experience of Immigrants", *The Journal of Human Resources*, Vol. 21, No. 4, 1986, pp. 485 – 506.

②　Douglas E. J. , Shepherd D. A. , "Entrepreneurship as a Utility Maximizing Response", *Journal of Business Venturing*, Vol. 15, 2000, pp. 231 – 251.

③　Parker S. C. , Belghitar Y. , Barmby T. , "Wage Uncertainty and the Labour Supply of Self-Employed Workers", *The Economic Journal*, Vol. 115, 2005, pp. C190 – C207.

活动。① 宁光杰（2012）认为，自我雇佣这一就业状态的选择只部分建立在比较优势的基础上，进入壁垒限制了一些自我雇佣者转为长期工。② 曹永福等（2013）认为，中国农民工自我雇佣与真正意义上的自主创业有显著的区别，是他们在城市劳动力市场就业机会受限后的次优选择，而且聚集于批发零售业等传统服务行业。③ 王美艳（2005）认为，城市劳动力市场上存在的歧视使得很多外来劳动力来到城市后，只能进行"自我雇佣"，收入很低且相当不稳定，更谈不上享有任何福利。④

　　另一种观点认为，随着我国城乡分割体制的蜕变、劳动力市场对农民工就业选择的歧视性环境的根本变化，自雇佣不再是农民工的一种被迫选择⑤，而是基于自身资本禀赋的理性选择。⑥ 就农民工自雇佣的效果而言，万向东（2008）认为，自雇农民工是通过各种途径在低水平、小规模范围内进行经济资本、人力资本和社会资本积累的基础上进入就业的，其就业效果总体上好于正规就业者。⑦

六　社会融入理论

　　目前，"社会融入"这一概念尚未有统一界定，与社会融入相类似的几个概念有城市适应性、社会适应、社会融合等，这些概念从经济、社会、文化、心理几个层次或维度对农民工社会融入的内涵进行了界定，但社会融入的不同层次或维度是否为依次递进的关系还未达

　　① 李强、唐壮：《城市农民工与城市中的非正规就业》，《社会学研究》2002 年第6 期。

　　② 宁光杰：《自我雇佣还是成为工资获得者？——中国农村外出劳动力的就业选择和收入差异》，《管理世界》2012 年第 7 期。

　　③ 曹永福、杨梦婕、宋月萍：《农民工自我雇佣与收入：基于倾向得分的实证分析》，《中国农村经济》2013 年第 10 期。

　　④ 王美艳：《城市劳动力市场上的就业机会与工资差异——外来劳动力就业与报酬研究》，《中国社会科学》2005 年第 5 期。

　　⑤ 叶静怡、王琼：《农民工的自雇佣选择及其收入》，《财经研究》2013 年第 39 卷第1 期。

　　⑥ 陈立兵：《国外自雇理论研究述评》，《理论月刊》2011 年第 1 期。

　　⑦ 万向东：《农民工非正式就业的进入条件与效果》，《管理世界》2008 年第 1 期。

成共识。

田凯（1995）将农民工的城市适应性定义为农民工由农村来到城市后对城市生活的适应状况。他从经济、社会、文化和心理三个层面对农民工城市适应性进行分析，认为这三个层面是相互联系、依次递进的。[①] 此外，他还发现农民工因其职业、经济状况的不同，表现出适应程度上的差异性。

朱力（2002）将农民工的城市适应划分为经济层面、社会层面和心理层面三个依次递进的层次。其中，经济层面的适应是农民工立足城市的基础；社会层面的适应反映了农民工融入城市生活的广度；心理层面的适应反映了农民工参与城市生活的深度，是进城农民工适应的最高等级，也是真正融入城市的标志。[②]

风笑天（2004）对三峡农村移民的社会适应进行了研究，将移民的社会适应界定为移民对安置地新社区中生活各方面的习惯程度和满意情况。发现农村移民对新生活的适应，首先是从日常生活领域开始的；然后是生产劳动、经济发展；最后是包括主观感受、心理融合、社区认同在内的"我群感"、"归属感"的建立。[③]

杨菊华（2010）从经济整合、行为适应、文化接纳和身份认同四个维度构建了流动人口的社会融入指标体系。[④] 其中，经济整合是流动人口在流入地生存和发展的前提，也是全面融入流入地的最基础保障；文化交融和身份认同是社会融合的高级阶段。[⑤]

然而，李培林和田丰（2012）的研究却发现，农民工社会融入的经济—社会—心理—身份四个层次不存在递进关系，社会融入的不同

---

① 田凯：《关于农民工的城市适应性的调查分析与思考》，《社会科学研究》1995 年第 5 期。

② 朱力：《论农民工阶层的城市适应》，《江海学刊》2002 年第 6 期。

③ 风笑天：《"落地生根"？——三峡农村移民的社会适应》，《社会学研究》2004 年第 5 期。

④ 杨菊华：《流动人口在流入地社会融入的指标体系——基于社会融入理论的进一步研究》，《人口与经济》2010 年第 2 期。

⑤ 杨菊华：《中国流动人口的社会融入研究》，《中国社会科学》2015 年第 2 期。

层次更有可能是平行和多维的。①

任远和乔楠（2010）认为，社会融合是一个逐步同化和减少排斥的过程、是对城市未来的主观期望和城市的客观接纳相统一的过程、是本地人口和外来移民相互作用和构建相互关系的过程。社会融合程度可用自我身份的认同、对城市的态度、与本地人的互动和感知的社会态度来衡量。②

---

① 李培林、田丰：《中国农民工社会融入的代际比较》，《社会》2012年第32卷第5期。

② 任远、乔楠：《城市流动人口社会融合的过程测量及影响因素》，《人口研究》2010年第34卷第2期。

第三章　农民工群体的产生与内部分化

第一节　农民工群体的产生及群体特征

一　农民工群体的产生

1958 年颁布的《中华人民共和国户口登记条例》，标志着我国采取了严格控制农村人口向城市迁移的政策，由此形成了城乡分割的二元体制。[①] 党的十一届三中全会后，我国农村实行家庭联产承包责任制，极大地解放了农业生产力，农村剩余劳动力由此产生并开始大量且持续地向城镇转移，农民工群体由此产生。

二　农民工的群体特征

农民工是有别于农村未流出的农民和城市居民的群体，其群体特征主要体现在以下几个方面：

第一，农民工年龄构成以青壮年为主。就平均年龄而言，2016 年农民工平均年龄为 39 岁。就年龄构成而言，据国家统计局农民工监测调查，2016 年，16—20 岁农民工占 3.3%，21—30 岁农民工占 28.6%，31—40 岁农民工占 22.0%，41—50 岁农民工占 27.0%，50 岁以上农民工占 19.2%。

---

① 国务院研究室课题组：《中国农民工调研报告》，中国言实出版社 2006 年版，第 2 页。

第二，农民工是文化水平相对较高的群体。与农村未流出的农民相比，外出务工的农民工受教育水平更高。据国家统计局农民工监测调查，2016 年，农民工中未上过学的占 1%，小学文化程度的占 13.2%，初中文化程度的占 59.4%，高中文化程度的占 17%，大专及以上文化程度的占 9.4%。

第三，从输出地看，东部地区农民工占农民工总量的 36.9%，中部地区农民工占农民工总量的 32.9%，西部地区农民工占农民工总量的 26.9%，东北地区农民工占农民工总量的 3.3%，见图 3.1。从输入地看，东部地区是农民工务工的主要输入地。在东部地区务工的农民工占农民工总量的 56.7%，在中部地区务工的农民工占农民工总量的 20.4%，在西部地区务工的农民工占农民工总量的 19.5%，在东北地区务工的农民工占农民工总量的 3.2%，在其他地区（港、澳、台及国外）务工的农民工占农民工总量的 0.2%，见图 3.2。

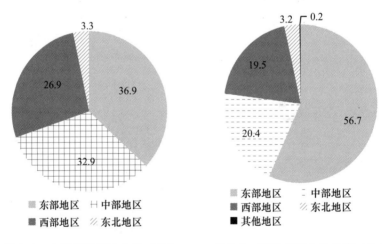

图 3.1　农民工输出地分布（%）　　图 3.2　农民工输入地分布（%）

第四，农民工就业行业以制造业、建筑业、批发和零售业及居民服务、修理和其他服务业为主。据国家统计局农民工监测调查，2016 年，从事制造业的农民工占 30.5%，从事建筑业的农民工占 19.7%，从事批发和零售业的农民工占 12.3%，从事居民服务、修理和其他服务业的农民工占 11.1%。

第二节　农民工群体的内部分化

一　农民工群体内部分化的成因

影响农民工群体内部分化的因素主要可分为社会因素和个体因素。就社会因素而言，宏观制度安排和政策规定是农民工群体内部产生分化的重要原因。然而，在不同时期以及不同政治、经济和社会生活领域，国家的制度安排和政策规定对个人或群体的地位获得的影响力是不同的，这就在不同程度上为个人的地位获得努力留下了空间和机会[1]，因而个体因素也对农民工内部分化产生影响。农民工进城后，由于个体素质和能力的差异，在市场竞争中会出现较大的分化[2]，这种分化是农民工个体主动自觉地选择，在一定的空间里显现了社会结构分化的现代化取向，也最大限度地展示了他们改变自身命运和社会地位所设定的期盼。[3]

因此，本书主要是分析社会因素和个体因素对农民工群体内部分化产生的影响。同时，对农民工代际分化、就业方式分化和流向区域分化的成因及其体现进行分析。

二　农民工群体内部分化的体现

（一）代际分化

农民工群体自产生以来，其群体内部已经出现代际分化，老一代农民工（1980 年以前出生）逐步退出城市劳动力市场返回家乡，而新生代农民工（1980 年及以后出生）逐渐成为农民工的主体。2005

---

[1]　陆学艺：《当代中国社会流动》，社会科学文献出版社 2004 年版。

[2]　朱力：《农民工阶层的特征与社会地位》，《南京大学学报》（哲学·人文科学·社会科学）2003 年第 40 卷第 6 期。

[3]　周汉平、方伟：《"农民工"内部分化的考察——以安徽枞阳大山村在张家港市务工的男性为例》，《安庆师范学院学报》（社会科学版）2004 年第 23 卷第 6 期。

年全国 1% 人口抽样调查数据显示，新生代农民工已经占到全体农民工总数的 34.6% 。[①] 国家统计局 2013 年农民工监测调查显示，新生代农民工为 12528 万人，占农民工总量的 46.6% ，占 1980 年及以后出生的农村从业劳动力的比重为 65.5% 。国家统计局 2016 年农民工监测调查显示，农民工平均年龄不断提高，新生代农民工已逐渐成为农民工的主体，占全国农民工总量的 49.7% 。

究其原因，由于受户籍制度的制约，我国农村劳动力流动具有鲜明的年龄替代特征，即年轻的劳动力进城不断补充替换年长的劳动力回乡，形成了城乡之间的双向流动。[②] 随着年龄的增长，老一代农民工的健康状况、劳动技能等人力资本存量逐渐降低，在城市劳动力市场中处于劣势地位；同时，由于老一代农民工大多在农村老家有土地，农村的土地可为其年老返乡后提供一定的生活保障，因此，老一代农民工在年老时往往退出城市劳动力市场返回家乡。相比之下，新生代农民工年龄较轻，受教育程度较高，人力资本存量较高，在城市劳动力市场中处于优势地位，逐渐成为农民工的主体。

（二）就业方式分化

除代际分化外，农民工内部产生的另一种分化为就业方式分化，即分化为受雇就业农民工和自雇就业农民工。他们虽然同是农业户籍的非农业劳动者，但受雇就业农民工（雇员）和自雇就业农民工（雇主或自我雇佣者）在劳动方式、经济境遇和社会地位上存在着明显的差异。[③]

从宏观层面来看，自雇就业（自雇活动）的出现和发展是我国经济转轨过程中不可分割的一部分。[④] 党的十一届三中全会后，我国农

---

① 王宗萍、段成荣：《第二代农民工特征分析》，《人口研究》2010 年第 34 卷第 2 期。

② 国务院发展研究中心课题组：《农民工市民化进程的总体态势与战略取向》，《改革》2011 年第 5 期。

③ 李培林、李炜：《近年来农民工的经济状况和社会态度》，《中国社会科学》2010 年第 1 期。

④ 解雨巷：《中国非农自雇活动的持续期：基于单风险和竞争风险模型的分析》，《南方经济》2012 年第 11 期。

村实行家庭联产承包责任制，极大地解放了农业生产力，大量农村剩余劳动力也由此产生，他们之中有一部分以自雇方式就业。从微观层面来看，农民工个体在人力资本和社会资本禀赋方面存在较大差异，他们往往基于自身人力资本和社会资本禀赋对其就业方式作出选择。

国家统计局农民工监测调查显示，2013 年、2014 年和 2015 年以受雇方式就业的农民工分别占 83.5%、83% 和 83.4%，以自雇方式就业的农民工分别占 16.5%、17% 和 16.6%，受雇就业仍然是农民工在城市就业的主要方式，且受雇就业农民工的比例远超过自雇就业农民工的比例。究其原因，一部分人力资本存量较高的农民工在劳动力市场中可以获得更好的就业机会，因而更倾向于选择受雇就业；而一部分人力资本存量较低的农民工则基于自身人力资本和社会资本禀赋作出理性选择而进入自雇就业，社会资本或社会网络在其进入自雇就业的过程中发挥着重要作用。随着流动距离的扩大，进城务工的农民工需要重新构建社会网络以获得其进入自雇就业所需的工具性支持和情感性支持。因此，受雇就业仍然是农民工在城市就业的主要方式，而自雇就业农民工所占比例相对较低。

（三）流向区域分化

区域间的明显差别是形成农民工跨地区流动的基本"动力"；地区间产业布局是农民工流向的基本条件。[①] 自改革开放以来，我国东部沿海地区率先开放发展，形成了京津冀、长三角和珠三角三大城市群，三大城市群成为农民工的主要流入地区。然而，伴随东部地区劳动密集型产业向中部和西部地区转移，中部崛起和西部大开发战略的深入推进，中西部对就业的吸纳能力增强，农民工就近就地转移加快，因此中部和西部地区农民工增速加快、占比提高。

表 3.1 呈现出近年来我国外出农民工流向分布情况。就农民工数量而言，东部地区一直是外出务工农民工的主要流入地区，东部地区农民工数量占绝对性的优势。究其原因，农民工外出务工主要是出于

①　韩长赋：《中国农民工发展趋势与展望》，《经济研究》2006 年第 12 期。

经济动因，即获取相较于在农村务农更高的收入。东部地区经济发展水平较高，可为农民工提供较多的就业机会和具有较高收入的工作岗位，因而成为农民工务工地的首要选择。因此，东部地区农民工数量占绝对性的优势。就农民工占比而言，东部地区农民工占比虽然最高，但却呈现出下降的趋势；而中部和西部地区农民工占比则呈现出提高的趋势。

表3.1　　　　2009—2015年农民工流向分布情况（万人,%）

年份	东部地区		中部地区		西部地区	
	数量	占比	数量	占比	数量	占比
2008	9964	71.0	1859	13.2	2165	15.4
2009	9076	62.5	2477	17.0	2940	20.2
2010	16212	66.9	4104	16.9	3846	15.9
2011	16537	65.4	4438	17.6	4215	16.7
2012	16980	64.7	4706	17.9	4479	17.1
2013	16174	60.1	5700	21.2	4951	18.4
2014	16425	59.9	5793	21.1	5105	18.7
2015	16489	59.4	5977	21.5	5209	18.8

注：2008年和2013年数据分别根据2009年和2014年农民工监测报告推算得出；东部、中部和西部地区指农民工输入地；2008年和2009年占比为占外出农民工人数的比例，2010—2015年占比为占农民工总量的比例。

就农民工增速而言，中部地区和西部地区农民工增速反复升降，但一直保持正增长；而东部地区农民工增速则呈现出在波动中下降的趋势，在2009年和2013年甚至表现为负增长，见图3.3。究其原因，随着产业的梯度转移，大量劳动密集型产业由东部向中西部转移，中西部对就业的吸纳能力增强，农民工就近就地转移加快，因此中部和西部地区农民工增速快于东部地区。受到全球金融危机的负面影响，以出口为导向的中国劳动密集型企业受到了前所未有的冲击，大批农民工于2008年第三季度开始提前返乡，成为国际金融危机引起的直接就业冲击的首批受害者。[1] 而长三角和珠三角地区作为在东部地区务工的农民工的主要集中地区，农民工数量与2008年相比分别减少238万人和954万人，分别下降7.8%和22.5%。[2] 因此，东部地区2009年农民工出现负增长，农民工数量较2008年相比减少888万人，下降8.9%。而2013年东部地区农民工出现负增长，可能是由于中部和西部地区农民工就近就地转移加快，相对导致东部地区农民工数量减少，出现负增长。

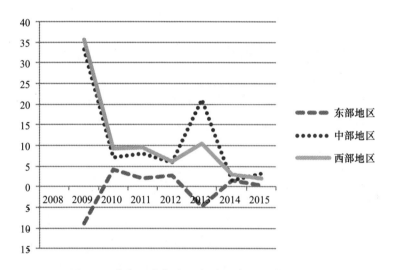

图3.3　东部、中部和西部地区农民工增速（%）

①　盛来运、王冉、阎芳：《国际金融危机对农民工流动就业的影响》，《中国农村经济》2009年第9期。

②　数据来源于国家统计局《2009年农民工监测调查报告》。

第四章　农民工市民化的历史
演进与现状

第一节　农民工市民化的历史演进

　　农村劳动力向非农产业和城镇转移是农民工市民化的必经阶段，农民工流动开始之时，即是城镇化和市民化开始之日。[①] 在改革开放以前，在城市和农村人力资源配置的基本倾向是试图最大限度维持较多农村人口和较少城市人口的格局。在改革开放以后，由于放松了对于农村人口流入城市的限制，中国才开始从人口的城乡逆向流动，转变为城市化的正向流动。[②] 因此，本研究主要是结合各时期对农民工流动的政策导向，对自改革开放以来我国农民工市民化的历史演进进行阶段划分，将农民工市民化的历史演进划分为四个阶段：第一阶段为严格控制阶段（1978—1983 年），第二阶段为允许流动阶段（1984—1999 年），第三阶段为引导流动阶段（2000—2009 年），第四阶段为有序市民化阶段（2010 年至今）。

一　严格控制阶段：1978—1983 年

　　1978 年党的十一届三中全会后，农村实行家庭联产承包责任制，

　　[①] 国务院发展研究中心课题组：《农民工市民化进程的总体态势与战略取向》，《改革》2011 年第 5 期。

　　[②] 李强：《当前我国城市化和流动人口的几个理论问题》，《江苏行政学院学报》2002 年第 1 期。

极大地解放了农村生产力，农业剩余劳动力由此产生并开始大量且持续向城镇转移。在这一阶段，针对农民工流动的政策导向是严格控制农村剩余劳动力向城镇转移。

1981 年，中共中央、国务院《关于广开门路，搞活经济，解决城镇就业问题的若干决定》（中发［1981］42 号）提出"严格控制农村劳动力流入城镇。对农村多余劳动力，要通过发展多种经营和兴办社队企业，就地适当安置，不使其涌入城镇"。同时，"要严格控制使用农村劳动力，继续清理来自农村的计划外用工"。同年，国务院印发《关于严格控制农村劳动力进城做工和农业人口转为非农业人口的通知》（国发［1981］181 号），规定"严格控制从农村招工，认真清理企业、事业单位使用的农村劳动力"。

二　允许流动阶段：1984—1999 年

1984 年，中央一号文件《中共中央关于一九八四年农村工作的通知》提出"各省、自治区、直辖市可选若干集镇进行试点，允许务工、经商、办服务业的农民自理口粮到集镇落户"，标志着我国严格的户籍壁垒开始松动，从而为农业劳动力合法转移提供了制度上的保证。[①] 针对农民工流动的政策导向由严格控制转变为允许流动。

1984 年，国务院印发《关于农民进入集镇落户问题的通知》（国发［1984］141 号），指出"农民进入集镇务工、经商、办服务业，对于促进集镇的发展，繁荣城乡经济，具有重要的作用。各级人民政府应积极支持有经营能力和有技术专长的农民进入集镇经营工商业"，并提出"凡申请到集镇务工、经商、办服务业的农民和家属，在集镇有固定住所，有经营能力，或在乡镇企事业单位长期务工的，公安部门应准予落常住户口，及时办理入户手续，发给《自理口粮户口簿》，统计为非农业人口"。

---

① 谭崇台、马绵远：《农民工市民化：历史、难点与对策》，《江西财经大学学报》2016 年第 3 期。

1993 年，中共中央《关于建立社会主义市场经济体制若干问题的决定》提出"鼓励和引导农村剩余劳动力逐步向非农产业转移和地区间的有序流动"。1994 年，劳动部《促进劳动力市场发展，完善就业服务体系建设的实施计划》将"农村劳动力跨地区流动有序化工程"作为工作重点之一。1994 年，着手华南（广州）、华东（上海）、华北（北京）三大区域劳动力市场信息中心建设，推进省际劳务协作，大力发展乡镇劳动服务网络，健全流动服务制度。

1995 年，中共中央、国务院《关于加强流动人口管理工作的意见》提出"采取有力措施鼓励和促进小城镇的发展，在充分保证农业发展和农村建设的前提下，允许农民进城务工经商，兴办企业，并根据一定条件，允许农民在小城镇落户"。

1998 年，中共中央、国务院《关于切实做好国有企业下岗职工基本生活保障和再就业工作的通知》（中发〔1998〕10 号）提出"要继续鼓励和引导农村剩余劳动力就近就地转移，合理调控进城务工的规模"。同年，中共中央《关于农业和农村工作若干重大问题的决定》提出"大力发展乡镇企业，多渠道转移农业富余劳动力。立足农村，向生产的深度和广度进军，发展二、三产业，建设小城镇。开拓农村广阔的就业门路，同时适应城镇和发达地区的客观需要，引导农村劳动力合理有序流动"。

在这一阶段，特别是 20 世纪 90 年代，"离土又离乡、进厂又进城"的跨地区异地流动模式以其比较利益更优而引发了大规模的人口流动，越来越多的农民走出家园，涌向沿海地区和城市，汇成浩浩荡荡的"民工潮"[1]。据统计，农民工数量从 90 年代初期的 6000 万人左右发展到 21 世纪初期的 1 亿人左右[2]，农民工就业主要集中在沿海地区和城市二、三产业。

---

[1] 宋林飞：《"民工潮"的形成、趋势与对策》，《中国社会科学》1995 年第 4 期。

[2] 国务院发展研究中心课题组：《农民工市民化：制度创新与顶层设计》，中国发展出版社 2011 年版，第 64 页。

三　引导流动阶段：2000—2009 年

在这一阶段，针对农民工流动的政策导向是引导农民工流动，取消对农民工的歧视性政策和不合理限制，维护农民工的合法权益，使农民工与城镇居民享有同等的待遇。

2000 年，中共中央、国务院《关于促进小城镇健康发展的若干意见》（中发［2000］11 号）提出"凡在县级市市区、县人民政府驻地镇及县以下小城镇有合法固定住所、稳定职业或生活来源的农民，均可根据本人意愿转为城镇户口，并在子女入学、参军、就业等方面享受与城镇居民同等待遇，不得实行歧视性政策。对在小城镇落户的农民，各地区、各部门不得收取城镇增容费或其他类似费用"。同年，劳动和社会保障部、国家发展计划委员会、农业部、科技部、建设部、水利部、国务院发展研究中心联合发布《关于进一步开展农村劳动力开发就业试点工作的通知》（劳社部发［2000］15 号），提出"在农村富余劳动力数量多、外出务工人员规模较大的地区，以及输入劳动力较多、外来务工人员规模较大的地区，选择一些地市，开展农村富余劳动力向非农产业转移职业培训，为农村富余劳动力的顺利转移创造条件"。

2003 年，国务院办公厅《关于做好农民进城务工就业管理和服务工作的通知》提出"取消对农民进城务工就业的不合理限制，切实解决拖欠和克扣农民工工资问题，改善农民工的生产生活条件，做好农民工培训工作，多渠道安排农民工子女就学，加强对农民工的管理"。同年，中国共产党第十六届中央委员会第三次全体会议通过的《中共中央关于完善社会主义市场经济体制若干问题的决定》，提出"逐步统一城乡劳动力市场，加强引导和管理，形成城乡劳动者平等就业的制度"。

2006 年，国务院出台《关于解决农民工问题的若干意见》（国发［2006］5 号），提出"尊重和维护农民工的合法权益，消除对农民进城务工的歧视性规定和体制性障碍，使他们和城市职工享有同等的权利和义务"。

2008 年 1 月 1 日起施行的《就业促进法》规定"农村劳动者进城就业享有与城镇劳动者平等的劳动权利，不得对农村劳动者进城就业设置歧视性限制"，这是首次以法律的形式确立了城乡劳动者平等就业制度。

四　有序市民化阶段：2010 年至今

自 2010 年以来，党中央、国务院出台的一系列政策体现出区分城市规模、分地区、分群体推进农民工市民化的政策导向，农民工市民化进入了有序推进阶段。

2010 年，中央一号文件《中共中央国务院关于加大统筹城乡发展力度 进一步夯实农业农村发展基础的若干意见》提出，"深化户籍制度改革，加快落实放宽中小城市、小城镇特别是县城和中心镇落户条件的政策，促进符合条件的农业转移人口在城镇落户并享有与当地城镇居民同等的权益"。

2011 年，国务院办公厅《关于积极稳妥推进户籍制度改革的通知》对县级市市区、县人民政府驻地镇和其他建制镇、设区的市和直辖市、副省级市和其他大城市的户口迁移政策进行分类改革。

2012 年，党的十八大报告《坚定不移沿着中国特色社会主义道路前进 为全面建成小康社会而奋斗》提出"加快改革户籍制度，有序推进农业转移人口市民化，努力实现城镇基本公共服务常住人口全覆盖"。同年，中央经济工作会议公报提出"要把有序推进农业转移人口市民化作为重要任务抓实抓好"。

2013 年，中国共产党第十八届中央委员会第三次全体会议通过的《中共中央关于全面深化改革若干重大问题的决定》提出"推进农业转移人口市民化，逐步把符合条件的农业转移人口转为城镇居民。创新人口管理，加快户籍制度改革，全面放开建制镇和小城市落户限制，有序开放中等城市落户限制，合理确定大城市落户条件，严格控制特大城市人口规模"。同年，中共中央召开了新中国成立以来的第一次城镇化工作会议，会议公报提出"要以人为本，推进以人为核心的城镇化，提高城镇人口素质和居民生活质量，把促进有能力在城镇稳定就业和生活的常住人口有序实现市民化作为首要任务"。

2014年，中共中央、国务院印发《国家新型城镇化规划（2014—2020年）》，提出"按照尊重意愿、自主选择，因地制宜、分步推进，存量优先、带动增量的原则，以农业转移人口为重点，兼顾高校和职业技术院校毕业生、城镇间异地就业人员和城区城郊农业人口，统筹推进户籍制度改革和基本公共服务均等化"。同年，国务院印发《关于进一步做好为农民工服务工作的意见》（国发〔2014〕40号），提出"坚持分类推进、逐步实施的基本原则，按照自愿、分类、有序的要求，因地制宜、存量优先，尽力而为、量力而行，重点促进长期在城镇居住、有相对稳定工作的农民工有序融入城镇，循序渐进地推进农民工市民化"。

2015年，中央一号文件《中共中央国务院关于加大改革创新力度　加快农业现代化建设的若干意见》提出，"加快户籍制度改革，建立居住证制度，分类推进农业转移人口在城镇落户并享有与当地居民同等待遇"。

2016年，国务院印发《国家人口发展规划（2016—2030年）》（国发〔2016〕87号），提出"区分超大、特大和大中小城市以及建制镇，实施差别化落户政策，促进有能力在城镇稳定就业和生活的农业转移人口举家进城落户"。

在这一阶段，农民工规模持续扩大，从2010年的24223万人增加到2016年的28171万人，增加3948万人，增长16.30%。2010—2015年，农民工规模持续扩大，但增速呈现出在波动中下降的趋势。自2016年，农民工增速有所回升，较2015年相比，2016年农民工增速提升0.25个百分点，见图4.1。

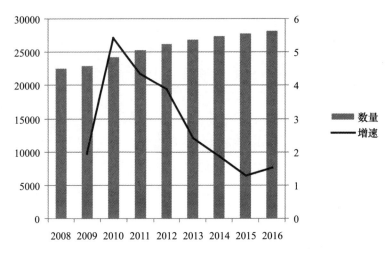

图4.1　2008—2016年我国农民工数量及增速（万人,%）

资料来源：2009年、2010—2016年数据来源于相应年份《农民工监测调查报告》；2010年数据来源于《中国发展报告2011》。

第二节　农民工市民化的现状

本节从经济活动、基本公共服务和社会融入三个层面对农民工市民化的现状进行分析。其中，经济活动层面的市民化现状包括农民工就业、收入和消费状况；基本公共服务层面的市民化现状包括农民工教育培训、社会保障和住房保障状况；社会融入层面的市民化现状包括农民工社会参与、社会交往、身份认同和城市归属感状况。

一　经济活动层面的市民化现状

经济活动层面的市民化是农民工市民化过程中最基础的一环，也是农民成为农民工的首要步骤。[1] 经济活动层面的市民化包括农民工就业行业分布、劳动时间、劳动合同、收入和消费状况。

---

①　人力资源社会保障部劳动科学研究所课题组：《农民工市民化发展研究》，国务院农民工办课题组：《中国农民工发展研究》，中国劳动社会保障出版社2013年版，第427页。

（一）就业现状

在行业分布方面，农民工由于人力资本存量较低，在城市劳动力市场中缺乏竞争力，因此农民工往往集中在劳动密集型行业。第二产业中的制造业、建筑业，第三产业中的批发和零售业、居民服务、修理和其他服务业是农民工就业的主要领域。据国家统计局农民工监测调查，2016 年从事制造业和建筑业的农民工分别占 30.5% 和19.7%，合计占比达到 50.2%；从事批发和零售业的农民工占12.3%，从事居民服务、修理和其他服务业的农民工占 11.1%，从事交通运输、仓储和邮政业的农民工占 6.4%，从事住宿和餐饮业的农民工占 5.9%。

在劳动时间方面，农民工的劳动力市场属于次属劳动力市场，普遍存在劳动时间长、劳动强度大的问题。《中华人民共和国劳动法》规定，我国实行劳动者每日工作时间不超过 8 小时、平均每周工作时间不超过 44 小时的工时制度。据国家统计局农民工监测调查，2016年农民工平均每天工作 8.5 小时，平均每天工作超过 8 小时的占64.4%，平均每周工作超过 44 小时的占 78.4%。这表明，农民工超时劳动情况较为严重，休息权利得不到保证。

在劳动合同方面，劳动合同是劳动者与用人单位确立劳动关系、明确双方权利和义务的协议。国务院《关于解决农民工问题的若干意见》（国发〔2006〕5 号）明确规定，所有用人单位招用农民工都必须依法订立并履行劳动合同，建立权责明确的劳动关系。据人力资源和社会保障部统计，2016 年全国企业劳动合同签订率达 90% 以上。然而，据国家统计局农民工监测调查，2016 年与雇主或单位签订了劳动合同的农民工比重仅为 35.1%，而未与雇主或单位签订劳动合同的农民工比重高达 64.9%。这表明，农民工劳动合同签订率较低，劳动权益在一定程度上受到损害。

（二）收入现状

外出务工的农民工收入高于农村未流出的农民，但与城镇居民相比仍然存在较大差距。据国家统计局农民工监测调查，2016 年农民工平均月收入为3275元，比上年增加203元，增长6.6%。就农民工与农村居民收入的差距而言，2016年我国农村居民人均年收入为12363.4元，农民工平均年收入为39300元，农民工平均年收入约为农村居民人均年收入的3.18倍。就农民工与城镇居民收入的差距而言，2016年城镇单位在岗职工年平均工资为68993元，折合为月平均工资约为5749.4元，[①] 农民工平均月收入约相当于城镇单位在岗职工平均月收入的56.96%。

此外，不同行业、不同地区的农民工平均月收入存在差异。分行业看，交通运输、仓储和邮政业农民工平均月收入较高，为3775元；建筑业、制造业农民工平均月收入分别为3687元和3233元；批发和零售业，住宿和餐饮业，居民服务、修理和其他服务业农民工平均月收入分别为2839元、2872元和2851元。分区域看，在东部地区务工的农民工平均月收入最高，为3454元；在中部和西部地区务工的农民工平均月收入分别为3132元和3117元；在东北地区务工的农民工平均月收入最低，为3063元。在东部地区务工的农民工月收入分别比在中部、西部和东北地区务工的农民工高出322元、337元和391元。

（三）消费现状

据国家统计局农民工监测调查，2015年外出农民工月均生活消费支出人均1012元。其中，居住支出人均475元，占生活消费支出的比重为46.9%。这表明，居住支出占农民工生活消费支出的比重较大。此外，不同地区、不同城市类型的农民工生活消费支出存在差异。分地区看，在东部和西部地区务工的农民工月均生活消费支出高于在中部地区务工的农民工。具体而言，在东部地区务工的农民工月均生活消费支出人均1028元，在中部地区务工的农民工月均生活消费支出人均911元，在西部地区务工的农民工月均生活消费支出人均1025元。分城市类型看，在直辖市和省会城市、地级市务工的农民

---

① 中华人民共和国国家统计局：《中国统计年鉴2017》，中国统计出版社2017年版。

工月均生活消费支出高于在小城镇务工的农民工。具体而言，在直辖市和省会城市务工的农民工月均生活消费支出人均 1106 元，在地级市务工的农民工月均生活消费支出人均 1043 元，在小城镇务工的农民工月均生活消费支出人均 892 元。

二　基本公共服务层面的市民化现状

基本公共服务是指建立在一定社会共识基础上，由政府主导提供的，与经济社会发展水平和阶段相适应，旨在保障全体公民生存和发展基本需求的公共服务。基本公共服务的范围一般包括保障基本民生需求的教育、就业、社会保障、医疗卫生、计划生育、住房保障、文化体育等领域的公共服务，广义上还包括与人民生活环境紧密关联的交通、通信、公用设施、环境保护等领域的公共服务，以及保障安全需要的公共安全、消费安全和国防安全等领域的公共服务。[①] 在本研究中，将从狭义的角度对农民工基本公共服务层面的市民化现状进行分析，具体包括教育培训现状、社会保障现状和住房保障现状三个方面。

（一）教育培训

就农民工随迁子女教育而言，农民工随迁子女的义务教育问题得到高度重视。2003 年，国务院办公厅转发教育部、中央编办、公安部、发展改革委、财政部、劳动保障部《关于进一步做好进城务工就业农民子女义务教育工作的意见》（国办发〔2003〕78 号），提出"采取措施，切实减轻进城务工就业农民子女教育费用。流入地政府要制定进城务工就业农民子女接受义务教育的收费标准，减免有关费用，做到收费与当地学生一视同仁"。2010 年，国家中长期教育改革和发展规划纲要工作小组办公室发布《国家中长期教育改革和发展规划纲要（2010—2020 年）》，提出"切实解决进城务工人员子女平等

---

① 国务院：《国家基本公共服务体系"十二五"规划》（http：//www. gov. cn/zwgk/2012 –07/20/content_ 2187242. html）。

接受义务教育问题","坚持以输入地政府管理为主、以全日制公办中小学为主,确保进城务工人员随迁子女平等接受义务教育,研究制定进城务工人员随迁子女接受义务教育后在当地参加升学考试的办法"。2012 年,国务院《关于深入推进义务教育均衡发展的意见》(国发〔2012〕48 号)提出,"要坚持以流入地为主、以公办学校为主的'两为主'政策,将常住人口纳入区域教育发展规划,推行按照进城务工人员随迁子女在校人数拨付教育经费,适度扩大公办学校资源,尽力满足进城务工人员随迁子女在公办学校平等接受义务教育。在公办学校不能满足需要的情况下,可采取政府购买服务等方式保障进城务工人员随迁子女在依法举办的民办学校接受义务教育"。2016 年,国务院《关于深入推进新型城镇化建设的若干意见》(国发〔2016〕8 号)提出"保障农民工随迁子女以流入地公办学校为主接受义务教育,以公办幼儿园和普惠性幼儿园为主接受学前教育"。2016 年底,全国农民工随迁子女为 1400 万人左右,纳入政府财政保障的随迁子女数量接近 90%,其中在公办学校就学比例保持在 80%以上[①],农民工随迁子女义务教育问题得到明显改善。

就农民工自身而言,相对于农村未流出的农民,外出务工的农民工受教育水平相对较高。但与城市居民相比,农民工群体的受教育水平却相对偏低,人力资本存量不足,缺乏在城市劳动力市场中的竞争力,在城市顺利就业并获得一份收入较高的工作的难度较大,难以在经济层面立足城市并实现市民化。因此,参加职业技能培训对于农民工提升人力资本存量,进而提升其在劳动力市场上的竞争力具有重要作用。近年来,农民工职业技能培训问题得到高度重视。2003 年,国务院办公厅转发农业部、劳动保障部、教育部、科技部、建设部、财政部《2003—2010 年全国农民工培训规划》,提出对参加培训的农民工实行补贴或奖励。农民工自愿参加职业技能鉴定,鉴定合格者颁

---

① 沈水生:《农民工共享城镇基本公共服务的进展、问题及对策》,《社会治理》2017年第 6 期。

发国家统一的职业资格证书。任何单位不得强制农民工参加收费鉴定，鉴定机构要视情况适当降低鉴定收费标准。2010年，国务院办公厅《关于进一步做好农民工培训工作的指导意见》（国办发［2010］11号）提出，把农民工培训工作纳入国民经济和社会发展规划。然而，据国家统计局农民工监测调查，2016年接受过技能培训的农民工占32.9%，比上年下降0.2个百分点，接受过技能培训的农民工比重小幅下降。根据人力资本理论，人力资本投资需要消耗时间。如果个体在固定年龄退休，额外的学校教育或在职培训会推迟其获得收入的时间，并且缩短其工作生涯。[1] 由于农民工进城务工的主要动因是获得相较于农村务农更高的收入，参加职业技能培训会间接地减少其获得收入的机会，因此农民工主观上对于参加培训的意愿不强。

（二）社会保障

我国建立了基本养老保险、基本医疗保险、工伤保险、失业保险、生育保险等社会保险制度，保障公民在年老、疾病、工伤、失业、生育等情况下依法从国家和社会获得物质帮助的权利。《中华人民共和国社会保险法》（以下简称《社会保险法》）规定，职工应当参加基本养老保险、职工基本医疗保险、工伤保险、失业保险和生育保险。其中，基本养老保险由用人单位和职工共同缴纳保险费；职工基本医疗保险和失业保险由用人单位和职工按照国家规定共同缴纳保险费；工伤保险由用人单位缴纳保险费，职工不缴纳保险费；生育保险由用人单位按照国家规定缴纳保险费，职工不缴纳保险费。此外，《社会保险法》明确规定，进城务工的农村居民（农民工）依照本法规定参加社会保险。

虽然《社会保险法》从法律上规定了农民工参加社会保险和享受社会保险待遇的合法权益，但农民工社会保险覆盖率仍然较低，与城

---

[1] Mincer J. , *Individual Acquisition of Earning Power*, *National Bureau of Economic Research*, *Schooling*, *Experience*, *and Earnings*, Columbia University Press, 1974, pp. 5 – 23.

镇职工相比存在较大差距。据人力资源和社会保障部统计，2016 年
末城镇职工基本养老保险参保职工 27826 万人，参保农民工人数为
5940 万人；城镇基本医疗保险参保职工 21720 万人，参保农民工人
数为 4825 万人；失业保险参保人数为 18089 万人，其中，参保农民
工人数为 4659 万人；工伤保险参保人数 21889 万人，其中，参保农
民工人数为 7510 万人①，见图 4.2。农民工参加各项社会保险的人数
由多到少依次为工伤保险、养老保险、医疗保险和失业保险。

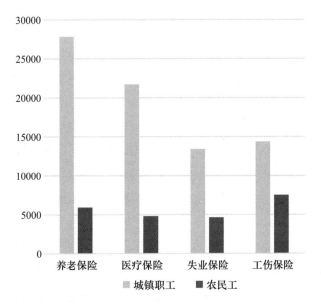

图 4.2　城镇职工与农民工参加各项社会保险情况（万人）

资料来源：中华人民共和国人力资源和社会保障部：《2016 年度人力资源和社会保障事
业发展统计公报》。

通过对近十年农民工参加城镇各项社会保险的情况进行分析，发
现在各项社会保险中，工伤保险是农民工参加人数最多的一项社会保

---

① 中华人民共和国人力资源和社会保障部：《2016 年度人力资源和社会保障事业发展
统计公报》（http://www.mohrss.gov.cn/ghcws/BHCSWgongzuodongtai/201705/t20170531_
271737.html）。

险，见表4.1。一方面，工伤保险是目前唯一对农民工没有制度和政策障碍的保障项目①；另一方面，由于农民工所从事的大多是城里人不愿从事的"苦、脏、累、险"的岗位，工伤事故发生率高，对工伤保险的需求较大，因而参加工伤保险的农民工人数最多。

表4.1　　　　　近十年农民工参加各项社会保险人数（万人）

	养老保险	医疗保险	失业保险	工伤保险
2007	1846	3131	1150	3980
2008	2416	4266	1549	4942
2009	2647	4335	1643	5587
2010	3284	4583	1990	6300
2011	4140	4641	2391	6828
2012	4543	4996	2702	7179
2013	4895	5018	3740	7263
2014	5472	5229	4071	7362
2015	5585	5166	4219	7489
2016	5940	4825	4659	7510

资料来源：中华人民共和国人力资源和社会保障部：2007—2016年《人力资源和社会保障事业发展统计公报》。

相比之下，失业保险是农民工参加人数最少的一项社会保险。由于农民工所从事的多为劳动密集型行业，岗位替代性较强，因此农民工往往面临着较大的失业风险。《中华人民共和国失业保险条例》规定，"城镇企业事业单位按照本单位工资总额的2%缴纳失业保险费。城镇企业事业单位职工按照本人工资的1%缴纳失业保险费。城镇企业事业单位招用的农民合同制工人本人不缴纳失业保险费。单位招用的农民合同制工人连续工作满1年，本单位并已缴纳失业保险费，劳

---

① 国务院研究室课题组：《中国农民工调研报告》，中国言实出版社2006年版，第13页。

动合同期满未续订或者提前解除劳动合同的，由社会保险经办机构根据其工作时间长短，对其支付一次性生活补助"。然而，从实际情况来看，失业保险对农民工的覆盖率却不高，并且是农民工参加人数最少的一项社会保险。从用人单位来看，为农民工缴纳失业保险费提高了其用工成本，因此用人单位往往不愿为农民工缴纳失业保险费。从农民工自身来看，他们参加失业保险的意愿并不强烈，一项基于东部及沿海大部分地区的调查表明，农民工希望参加养老保险的意愿最为强烈，其余社会保险重要程度的排序是工伤保险、医疗保险、失业保险、生育保险①，农民工对于失业保险的需求在各项社会保险中位于倒数第二位。

相较于养老保险、医疗保险、失业保险和工伤保险，农民工生育保险往往是社会保险体系中最容易忽视的现实盲点，参与率普遍不高。② 据国家统计局农民工监测调查，2014 年农民工生育保险参保率仅为 7.8%，而工伤保险、医疗保险、养老保险和失业保险的参保率分别为 26.2%、17.6%、16.7% 和 10.5%。由于生育保险是由用人单位按照国家规定缴纳生育保险费，职工不缴纳生育保险费，因此用人单位往往为降低用工成本而不愿为农民工缴纳生育保险费。有相当一部分企业在劳动合同和内部的规章制度中甚至作出"女职工在合同期内不得怀孕、生育或者在本企业工作几年后方可申请生育"的不合理规定。③ 对于女性农民工而言，她们往往要在生育和工作之间作出选择，生育就意味着"失去工作，回家务农"，这已成为城市女性农民工中一个不成文的惯例。④

在住房公积金方面，我国的住房公积金制度在建立初期主要是为

---

① 李群、吴晓欢、米红：《中国沿海地区农民工社会保险的实证研究》，《中国农村经济》2005 年第 3 期。

② 张翼、周小刚：《农民工社会保障和就业培训状况调查研究》，《调研世界》2013 年第 2 期。

③ 张范：《农民工生育保险的思考》，《商业经济》2009 年第 6 期。

④ 陈微微：《对女性农民工社会保障问题的法律思考》，《湖北财经高等专科学校学报》2005 年第 4 期。

了筹集建房资金以加快职工住房建设，随着 1998 年住房福利分配制度的取消，住房公积金制度逐步演变为以支持住房消费为主要功能。住房公积金制度在提高职工住房消费能力、保障职工住房水平方面发挥了一定的作用。[①] 根据《住房公积金管理条例》（以下简称《条例》），住房公积金是国家机关、国有企业、城镇集体企业、外商投资企业、城镇私营企业及其他城镇企业、事业单位、民办非企业单位、社会团体及其在职职工缴存的长期住房储金。《条例》并未明确将农民工群体纳入住房公积金制度。然而，随着农民工群体规模的持续扩大以及其在城市定居倾向的逐渐增强，农民工群体的住房问题逐渐引起了关注。2005 年，建设部、财政部和中国人民银行联合发布《关于住房公积金管理若干具体问题的指导意见》，提出"有条件的地方，城镇单位聘用进城务工人员，单位和职工可缴存住房公积金"。2006 年，住房和城乡建设部发布《2006 年全国住房公积金缴存使用情况》，提出要"依法扩大住房公积金制度覆盖范围，使制度覆盖范围逐步扩大到包括在城市有固定工作的农民工在内的城镇各类就业群体"。2006 年，国务院出台《关于解决农民工问题的若干意见》，提出"有条件的地方，城镇单位聘用农民工，用人单位和个人可缴存住房公积金，用于农民工购买或租赁自住住房"。2014 年，国务院《关于进一步做好为农民工服务工作的意见》（国发〔2014〕40 号）提出"逐步将在城镇稳定就业的农民工纳入住房公积金制度实施范围"。然而，这些涉及农民工住房公积金的相关文件均属于规范性文件，不具备强制性；[②] 同时，农民工群体的高流动性也与农民工住房公积金的缴存条件相矛盾。[③] 因此，从实际情况来看，住房公积金基本没有惠及农民工群体。据国家统计局农民工监测调查，2014 年农

---

① 顾澄龙、周应恒、严斌剑：《住房公积金制度、房价与住房福利》，《经济学》（季刊）2015 年第 1 期。

② 祝仲坤：《住房公积金与新生代农民工留城意愿》，《中国农村经济》2017 年第 12 期。

③ 郑小晴、胡章林：《将农民工纳入住房公积金制度保障体系的探讨》，《重庆大学学报》（社会科学版）2008 年第 14 卷第 6 期。

民工参加住房公积金的比例仅为 5.5%，绝大多数农民工都未能享有住房公积金。

（三）住房保障

目前，我国已初步形成了以廉租房、经济适用房、公共租赁住房为主要形式的城镇住房保障体系，根据家庭收入的不同，实行有区别的住房保障政策：对城镇低收入住房困难家庭，提供廉租住房（或租金补贴）、经济适用住房；对城镇中等偏低收入住房困难家庭，提供公共租赁住房、限价商品房。[①] 近年来，党中央、国务院高度重视农民工住房问题，出台一系列政策措施来改善农民工居住条件，提出将农民工纳入城镇住房保障体系。2006 年，国务院出台《关于解决农民工问题的若干意见》（国发〔2006〕5 号），提出多渠道改善农民工居住条件。各地要把长期在城市就业与生活的农民工居住问题，纳入城市住宅建设发展规划。2007 年，国务院发布《关于解决城市低收入家庭住房困难的若干意见》（国发〔2007〕24 号），同样提出多渠道改善农民工居住条件。用工单位要向农民工提供符合基本卫生和安全条件的居住场所。有条件的地方，可比照经济适用住房建设的相关优惠政策，政府引导，市场运作，建立符合农民工特点的住房，以农民工可承受的合理租金向农民工出租。2007 年，建设部、发展改革委、财政部、劳动保障部、国土资源部联合发布《关于改善农民工居住条件的指导意见》，提出农民工集中的开发区和工业园区，应按照集约用地的原则，集中建设农民工集体宿舍。2011 年，国务院办公厅发布《关于保障性安居工程建设和管理的指导意见》（国办发〔2011〕45 号），提出到"十二五"期末，全国保障性住房覆盖面达到 20% 左右，力争使城镇中等偏下和低收入家庭住房困难问题得到基本解决，新就业职工住房困难问题得到有效缓解，外来务工人员居住条件得到明显改善。

① 住房和城乡建设部课题组：《关于将符合条件的农民工纳入城镇住房保障体系的研究报告，国务院农民工办公课题组：《中国农民工发展研究》，中国劳动社会保障出版社2013 年版，第 164 页。

　　但从现实情况来看，由于限制条件较多，农民工进入城镇住房保障体系的门槛较高①，绝大多数农民工仍然游离于城镇住房保障体系之外。据国家统计局农民工监测调查，2016 年进城农民工租房居住的占 62.4%，租住房屋仍然是农民工解决住房问题的主要渠道。购房的农民工占 17.8%，这主要是由于农民工偏低的收入与城市高额的房价形成较大反差，大多数农民工不具备购买商品房的能力；此外，农民工群体的高流动性和就业不稳定性也是影响农民工购房决策的两个最重要的因素。② 此外，单位或雇主提供住房的农民工占 13.4%，以其他方式解决居住问题的农民工占 6.4%，见图 4.3。值得注意的是，进城农民工购买保障性住房和租赁公租房的不足 3%，这意味着绝大多数农民工仍然游离于城镇住房保障体系之外。

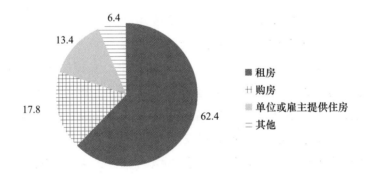

图 4.3　农民工住房来源（%）

　　从居住环境来看，农民工主要是居住在城乡接合部、城中村或棚户区。由于农民工就业地集中于地级以上城市，这些城市房价水平、住房租金水平相对较高，而农民工大多收入不高。为增加积蓄，农民工尽可能减少包括住房在内的消费支出，因而不得不选择条件较差的

　　① 《我国农民工工作"十二五"发展规划纲要研究》课题组：《农民工住房态势及其政策框架》，《重庆社会科学》2010 年第 10 期。
　　② 农民工城市贫困项目课题组：《农民工生活状况、工资水平及公共服务：对北京、广州、南京、兰州的调查》，《改革》2008 年第 7 期。

住房，如"城中村"和城乡接合部的不成套住宅①，居住面积普遍较小且缺乏必要的生活设施。据国家统计局农民工监测调查，2016年进城农民工人均住房面积为19.4平方米。其中，人均住房面积在5平方米以下居住困难的农民工户占6%，人均住房面积在6—15平方米的农民工户占37.4%，人均住房面积在16—25平方米的农民工户占25.5%，人均住房面积在25—36平方米的农民工户占12.6%，人均住房面积在36平方米以上的农民工户占18.5%。农民工户住房中，42.8%没有电冰箱，44.6%没有洗衣机，13.5%没有自来水，22.1%没有洗澡设施，30.4%没有独用厕所。

三　社会融入层面的市民化现状

（一）社会参与

就社会组织参与情况而言，社会组织作为组织型社会资本，可为农民工提供工具性支持。以在维护农民工合法权益方面发挥着重要作用的工会为例，对农民工社会组织参与情况进行分析。据国家统计局农民工监测调查，2016年已就业进城农民工中，知道所在企业或单位有工会组织的占20.8%，知道所在企业或单位没有工会组织的占59.6%，不知道自己所在企业或单位是否有工会组织的占19.6%。在知道自己所在企业或单位有工会组织的农民工中，加入工会的占53.8%（占已就业进城农民工的11.2%），其中经常参加工会活动的占21.3%，偶尔参加工会活动的占62.1%，没参加过工会活动的占16.6%。

就社会活动参与情况而言，据国家统计局农民工监测调查，2016年进城农民工业余生活主要是看电视、上网和休息，分别占45.8%、33.7%和29.1%；参加文娱体育活动、读书看报的比重分别为6.3%和3.7%；选择参加学习培训的比重仅为1.3%。由于业余生活在很

---

① 住房和城乡建设部课题组：《关于将符合条件的农民工纳入城镇住房保障体系的研究报告》，国务院农民工办公课题组：《中国农民工发展研究》，中国劳动社会保障出版社2013年版，第163页。

大程度上反映着社会阶层之间的差别，社会阶层地位较高的，闲暇活动基本上是以休闲型、学习型、健身型为主；社会阶层地位较低的，是以娱乐型为主[①]，而农民工群体的业余生活主要是以娱乐型（看电视、上网）为主，因此农民工群体的社会阶层地位较低，精神文化生活有待丰富。同时，由于农民工业余生活主要是以看电视、上网和休息为主，因此他们社会活动的参与程度往往较低。

（二）社会交往

就交往对象而言，农民工个人的社会网络（亲缘网络、地缘网络和业缘网络等）可为农民工在就业、生活救助、心理慰藉、自我保护、自我管理等诸多方面提供社会支持。[②] 据国家统计局农民工监测调查，2016 年进城农民工交往对象中，老乡占 35.2%，当地朋友占 24.3%，同事占 22.2%，其他外来务工人员占 3.1%，基本不和他人来往占 12.7%，其他交往对象占 2.6%。这表明，以老乡和当地朋友为基础的地缘关系是农民工在城市的主要社会关系。同时，交往对象为同事和当地朋友的农民工比例较为接近（分别为 22.2% 和 24.3%），这意味着农民工在城市维持以血缘、亲缘和地缘为主的初级社会网络关系的同时，也逐渐构建起以同事为主的业缘关系。

就困难求助对象而言，在遇到困难时，找家人、亲戚和老乡帮忙是农民工的主要选择，这表明农民工对以血缘、亲缘和地缘为基础的初级社会网络依赖性较强，没有真正融入城市。据国家统计局农民工监测调查，2016 年进城农民工在工作和生活中遇到困难时，想到找家人、亲戚帮忙的占 62.4%，找老乡的占 28.9%，找本地朋友的占 24.7%，找单位领导或同事的占 11.7%，找工会、妇联和政府部门的占 6.8%，找社区的占 2.3%。这表明，农民工的社会关系网络具有乡土性的特点，他们信任的仍然是以血缘和地缘关系为基础的初级

---

① 仇立平：《职业地位：社会分层的指示器——上海社会结构与社会分层研究》，《社会学研究》2001 年第 3 期。

② 李良进、风笑天：《试论城市农民工的社会支持系统》，《岭南学刊》2003 年第 1 期。

关系，只有当他们不得不去寻求群体外的支持和帮助时，才会把信任的目光投向城里的其他群体。[①]

（三）城市归属感

归属感可以简单理解为归于或属于某种事物所产生的情感，隶属于社会文化心理范畴，不易感知，却客观地存在并影响着人的行为表现。[②] 农民工的城市归属感是农民工基于城市里迥异于农村的生活与劳动就业方式、收入与物质生活水平、潜在的发展机会以及可利用社会资源存量等客观经济物质条件而对城市产生的认同、满意和依恋程度。[③] 原国家卫生和计划生育委员会 2013 年在全国 8 个城市开展的流动人口动态监测社会融合专题调查中设置了"我对目前居住的城市有归属感"这一问题，选择"完全不同意"和"不同意"的农民工分别占 1.5% 和 8.4%，选择"基本同意"和"完全同意"的农民工分别占 49.7% 和 40.4%。也就是说，无城市归属感的农民工占 9.9%，有城市归属感的农民工占 90.1%。这表明，农民工对城市有着较为强烈的归属感。究其原因，农民工进城务工主要是出于经济动机，即在城市务工获取相较于农村务农更高的收入。相较于在农村务农，农民工进城务工能够有更好的就业机会和更高的劳动收入，实现向上流动的可能性更大。因此，农民工在城市务工能够获得相对更高的收入，是其对城市有较强归属感的最主要原因。

（四）身份认同

身份是一个人的自我意识。[④] 身份认同是个人或群体对自身在社会结构中位置的认知，及其相关联之权利、义务、责任、忠诚存在的合法性基础。身份是具体化的概念，而认同则是对某一身份及与之相关联的利益分配方式的（不）承认与（不）接受，而其外在形式则

---

① 司睿：《农民工流动的社会关系网络研究》，《社科纵横》2005 年第 20 卷第 5 期。

② 王锦：《归属感探析》，《西安文理学院学报》（社会科学版）2011 年第 14 卷第 4 期。

③ 米庆成：《进城农民工的城市归属感问题探析》，《青年研究》2004 年第 3 期。

④ Akerlof G. A., Kranton R. E., "Economics and Identity", *The Quarterly Journal of Economics*, Vol. 115, 2000, pp. 715 – 753.

常常表现为将周围的人划为"我群"与"他群"。① 从实地调查情况来看，农民工难以实现对市民的身份认同，甚至有相当一部分农民工在身份认同上呈现出模糊化的现象。一项基于南京市农民工的调查表明，认为自己是"农村人"的占40%，"说不上自己是哪里人"的占37%，认为自己是"半个城里人"的占20%，认为自己是"城里人"的仅占3%。② 一项基于成都市农民工的调查表明，新生代农民工认为自己是"农民"的占37.3%，认为自己"不是农民"的占25.4%，"说不清楚自己是不是农民"的占37.3%。③ 一项基于长沙市农民工的调查表明，新生代农民工认为自己"仍是农民"的占25.7%，认为自己是"市民"的占5.4%，认为自己是"半个城市人"的占26.9%，"说不清自身身份"的占41.9%。④ 总体而言，农民工在身份认同上以认为自己是"农民"为主，认为自己是"市民"的比例偏低。值得注意的是，说不清自己是哪里人的农民工所占比例与认为自己是农民或市民的比例相当，甚至超过认为自己是农民或市民的比例，农民工在身份认同上呈现出模糊化的现象。

究其原因，宏观层面的制度安排、来自城市居民的排斥和农民工自身因素是致使农民工难以实现"市民"身份认同的主要原因。从制度层面来看，"农民工"既是一种制度安排，也是一种广被确认的身份。⑤ 即使农民工进入城市务工多年，对城市生活有着较强的适应性，并对城市有着较强的归属感，但受"农民工"制度性身份的影响，他们往往对"农民"身份有着较为普遍的认同。从城市居民来看，他们往往对农民工持有排斥的态度，使农民工与市民和城市社会

---

① 孙频捷：《身份认同研究浅析》，《前沿》2010 年第 2 期。

② 朱力：《准市民的身份定位》，《南京大学学报》（哲学·人文科学·社会科学）2000 年第 6 期。

③ 许传新：《新生代农民工的身份认同及影响因素分析》，《学术探索》2007 年第 3 期。

④ 殷娟、姚兆余：《新生代农民工身份认同及影响因素分析——基于长沙市农民工的抽样调查》，《湖南农业大学学报》（社会科学版）2009 年第 10 卷第 3 期。

⑤ 陈映芳：《"农民工"：制度安排与身份认同》，《社会学研究》2005 年第 3 期。

产生隔阂，导致农民工难以实现"市民"的身份认同。从农民工自身来看，他们对以亲缘、血缘和地缘为基础的初级社会网络依赖性较强，社会交往主要以家人、亲戚和老乡为主，阻碍了其与城市居民的交往和互动，因此农民工往往难以实现"市民"的身份认同。

第三节　本章小结

本章对农民工市民化的历史演进及农民工市民化的现状进行分析。首先，结合各时期对农民工的政策导向对自改革开放以来农民工市民化的历史演进进行分析，将农民工市民化分为严格控制阶段、允许流动阶段、引导流动阶段和有序市民化阶段。其次，从经济活动、基本公共服务和社会融入三个维度对农民工市民化的现状进行分析。就经济活动层面的市民化现状而言，农民工在城市就业主要集中在第二产业中的制造业、建筑业和第三产业中的批发零售业、居民服务、修理和其他服务业；劳动时间长、超时劳动情况普遍存在；劳动合同签订率较低；收入水平与城镇职工相比存在较大差距。就基本公共服务层面的市民化现状而言，农民工参加职业技能培训的比例较低；参加城镇各项社会保险的比例较低；农民工游离于城镇住房保障体系之外，租住私房仍然是农民工解决住房问题的主要渠道，住房面积普遍较小且缺乏必要的生活设施。就社会融入层面的市民化现状而言，农民工的交往对象以老乡、当地朋友和同事为主，这意味着农民工在维持以血缘和地缘为主的初级社会网络关系的同时，逐渐构建起以同事为主的业缘网络关系；农民工的困难求助对象仍以家人、亲戚和老乡为主，这意味着农民工对以血缘、亲缘和地缘为基础的初级社会网络依赖性较强，没有真正融入城市。农民工社会组织参与程度较低；业余生活主要是以娱乐型为主，社会活动参与程度较低。他们对城市有着较强的归属感；但身份认同状况较差，甚至还呈现出身份认同模糊化的现象。

第五章 农民工市民化的影响因素分析

第一节 农民工市民化意愿的影响因素分析

一 文献回顾

学界对农民工市民化意愿的影响因素已展开了大量研究。黄祖辉等（2004）较早地考察了农民工市民化意愿的影响因素，发现进城时间在2年以下和10年以上的农民工市民化意愿相对较强，女性农民工市民化意愿强于男性农民工。[①] 王桂新等（2010）的研究表明，农民工市民化意愿主要受个人自然、社会、经济特征及区域环境条件等多种因素的综合影响，其中尤以婚姻状况、在城市的居留时间及找工作的困难等因素的影响最为显著。[②] 陈延秋和金晓彤（2014）考察了人力资本、社会资本和心理资本对新生代农民工市民化意愿的影响。研究表明，人力资本（是否参加过培训、培训次数、拥有的技能数以及技术等级）、社会资本（外地同学亲戚数量和参加的社会活动数量）和心理资本（城市归属感、本地人对自己的态度和对城市同龄人的看法）对新生代农民工市民化意愿有显著影响。[③] 李练军

① 黄祖辉、钱文荣、毛迎春：《进城农民在城镇生活的稳定性及市民化意愿》，《中国人口科学》2004年第2期。
② 王桂新、陈冠春、魏星：《城市农民工市民化意愿影响因素考察——以上海市为例》，《人口与发展》2010年第16卷第2期。
③ 陈延秋、金晓彤：《新生代农民工市民化意愿影响因素的实证研究——基于人力资本、社会资本和心理资本的考察》，《西北人口》2014年第4期。

（2015）的研究表明，新生代农民工市民化意愿受到个体、家庭、工作、经济、制度、社会和心理等多种因素的综合影响，其中土地处置方式、参加社保数量和月消费水平对市民化意愿影响最为显著，年龄、受教育程度、工作年限、城市融入次之，抚养子女数、交往对象有低显著影响，而月工资收入、参加培训次数、住房类型、社区参与和自我认同则没有对农民工市民化意愿产生显著影响。[1] 陈昭玖和胡雯（2016）考察了人力资本和地缘特征对农民工市民化意愿的影响。研究表明，人力资本（文化程度、专业技能、职业资格证书、月均工资、购买社保种类）越强，地缘特征优势越明显（距离市区越近、所在区域的经济水平越高），农民工市民化意愿越强。[2]

综合已有研究，本书考察个体特征、人力资本、社会资本、心理资本和制度性因素对农民工市民化意愿的影响。

二　变量选择

被解释变量为农民工市民化意愿，通过题项"若没有任何限制，您是否愿意把户口迁入本地"进行考察，答项包括是和否。是代表"有市民化意愿"，赋值为1；否代表"无市民化意愿"，赋值为0。

解释变量包括个体特征、人力资本、社会资本、心理资本和制度性因素5个维度。（1）个体特征。个体特征包括性别和婚姻状况。性别，女性赋值为0，男性赋值为1。婚姻状况，将未婚、离婚和丧偶合并为"无配偶"，赋值为0；将初婚和再婚合并为"有配偶"，赋值为1。（2）人力资本。人力资本包括受教育年限（反映正规教育）、城市务工年限（反映工作经验）、职业技能培训和月收入。受教育年限，将农民工受教育程度转换为实际接受教育的年数，未上过学为0年，小学为6年，初中为9年，高中和中专为12年，大学专科为15

---

① 李练军：《中小城镇新生代农民工市民化意愿影响因素研究——基于江西省1056位农民工的调查》，《调研世界》2015年第3期。

② 陈昭玖、胡雯：《人力资本、地缘特征与农民工市民化意愿——基于结构方程模型的实证分析》，《农业技术经济》2016年第1期。

年，大学本科为 16 年，研究生为 19 年。城市务工年限为农民工在本地连续工作年数。职业技能培训通过农民工近三年在本地是否接受过政府提供的免费培训进行考察，未接受赋值为 0，接受赋值为 1。月收入为农民工个人上个月（或上次就业）的收入。（3）社会资本。在本研究中，用就业途径和参加社会活动的数量来考察农民工的社会资本。就业途径，若农民工是通过本地熟人、外地熟人、家人/亲戚和同乡/朋友/同学找到目前工作的，定义为"使用社会网络"，赋值为 1；若农民工是通过政府相关部门、社会中介、网络、传媒广告、招聘会、自主创业、自己和其他途径找到目前工作的，则定义为"未使用社会网络"，赋值为 0。参加社会活动的数量，将农民工在流入地参加的社区文体活动、社会公益活动、选举活动（村/居委会、工会选举）、评优活动、业主委员会活动、居委会管理活动和其他活动的数量进行加总，形成一个计数变量。（4）心理资本。心理资本包括城市归属感和身份认同。城市归属感，通过农民工对"我对目前居住的城市有归属感"这一题项进行测量，将原答项中的完全不同意和不同意合并为"无城市归属感"，赋值为 0；将原答项中的基本同意和完全同意合并为"有城市归属感"，赋值为 1。身份认同，通过题项"您认为自己现在已经是哪里的人"进行测量，将原答项中的本地人和新本地人合并为"本地人"，赋值为 1；将流出地（老家）人赋值为 2；将不知道自己是哪里人赋值为 3。（5）制度性因素。制度性因素包括住房性质和社会保障。住房性质，将政府提供廉租房、政府提供公租房和已购政策性保障房合并为"保障性住房"，赋值为 1；将租住单位/雇主房、租住私房、单位/雇主提供免费住房（不包括就业场所）、已购商品房、借住房、就业场所、自建房和其他非正规居所合并为"非保障性住房"，赋值为 0。社会保障，将农民工在流入地参加"五险一金"（城镇养老保险、城镇职工医保、工伤保险、失业保险、生育保险和住房公积金）的数量进行加总，形成一个计数变量。变量定义及描述性统计见表 5.1。

表5.1　　　　　　　变量定义及描述性统计（N=12850）

变量	变量定义	均值	标准差
市民化意愿	无=0 有=1	0.52	0.500
性别	女性=0 男性=1	0.57	0.495
婚姻状况	无配偶=0 有配偶=1	0.78	0.417
受教育年限	年	9.73	2.467
城市务工年限	年	4.80	4.286
职业技能培训	未接受=0 接受=1	0.13	0.338
月收入	元	3361.54	2153.447
就业途径	未使用社会网络=0 使用社会网络=1	0.48	0.500
参加社会活动数量	个	0.47	0.872
城市归属感	无=0 有=1	0.90	0.300
身份认同	本地人=1 老家人=2 不知道自己是哪里人=3	1.57	0.552
住房性质	非保障性住房=0 保障性住房=1	0.01	0.080
参加社会保障数量	个	1.04	1.761

资料来源：原国家卫生和计划生育委员会2013年流动人口动态监测调查。

三　实证分析

由于被解释变量农民工市民化意愿是一个二分变量，因此利用二分类 Logistic 回归模型对农民工市民化意愿的影响因素进行实证分析。表5.2 报告了农民工市民化意愿影响因素的二分类 Logistic 回归结果，结果表明人力资本、社会资本、心理资本和制度性因素对农民工市民化意愿有显著影响，但个体特征对农民工市民化意愿无显著影响。

人力资本方面，受教育年限、城市务工年限和月收入（对数）对农民工市民化意愿有显著影响，但是否接受职业技能培训对农民工市民化意愿无显著影响。受教育年限对农民工市民化意愿有显著正影响，农民工受教育年限每增加一年，其有市民化意愿的可能性提高6%。农民工受教育年限越长，在城市劳动力市场中的竞争力越强，在城市顺利就业和获得一份具有较高收入的工作的可能性越大，因而市民化意愿越强。城市务工年限对农民工市民化意愿有显著正影响，农民工城市务工年限每增加一年，其有市民化意愿的可能性提高3%。城市务工年限是反映农民工人力资本的一个重要维度，农民工在城市务工年限越长，越可能将在乡村积累、学校教育获得的人力资本转化为城市社会所需要的人力资本，越可能积累城市生活所需要的劳动经验、语言技能等人力资本①，也越可能适应城市生活，因而市民化意愿越强。月收入（对数）对农民工市民化意愿有显著正影响，农民工月收入（对数）每增加一个单位，其有市民化意愿的可能性提高7.3%。农民工月收入越高，越能够负担在城市生活的成本，因而市民化意愿越强。

　　社会资本方面，就业途径对农民工市民化意愿有显著影响，但参加社会活动数量对农民工市民化意愿无显著影响。就业途径对农民工市民化意愿有显著影响，以就业时未使用社会网络的农民工为参照，就业时使用社会网络的农民工有市民化意愿的可能性仅为未使用社会网络的农民工的77%，就业时使用社会网络使农民工市民化意愿显著降低。虽然熟人、家人/亲戚、同乡/朋友/同学这种以血缘、亲缘和地缘为基础的社会网络可以为农民工提供就业支持（工具性支持），降低交易成本，但却阻碍了农民工与市民的交往与互动，使农民工难以真正融入城市。因此，就业时使用社会网络降低了农民工市民化意愿。

---

　　①　王毅杰：《流动农民留城定居意愿影响因素分析》，《江苏社会科学》2005年第5期。

表5.2　　　　　　　　农民工市民化意愿影响因素的模型结果

	B	Exp（B）
性别（女性 = 参照） 男性	0.001	1.001
婚姻状况（无配偶 = 参照） 有配偶	0.074	1.077
受教育年限	0.058	1.060 ***
城市务工年限	0.030	1.030 ***
技能培训（未接受 = 参照） 接受	0.012	1.012
月收入（对数）	0.070	1.073 *
就业途径（未使用社会网络 = 参照） 使用社会网络	- 0.261	0.770 ***
参加社会活动数量	0.033	1.034
城市归属感（无 = 参照） 有	0.366	1.443 ***
身份认同（本地人 = 参照） 老家人 不知道自己是哪里人	- 1.005 - 0.351	0.366 *** 0.704 ***
住房性质（非保障性 = 参照） 保障性	0.446	1.563 *
参加社会保障数量	0.076	1.079 ***
常量	- 1.048	0.350 ***
Cox & Snell R^2	0.091	
Nagelkerke R^2	0.121	

注：＊＊＊、＊＊和＊分别表示在1%、5%和10%的水平上显著。

心理资本方面，城市归属感和身份认同均对农民工市民化意愿有显著影响。城市归属感对农民工市民化意愿有显著影响，以无城市归属感的农民工为参照，有城市归属感的农民工有市民化意愿的可能性提高44.3%。城市归属感是衡量农民工融入城市程度的重要指标，农民工对其务工城市有归属感，意味着农民工真正融入了城市，因而市民化意愿更强。身份认同对农民工市民化意愿有显著影响，以认为自己是本地人的农民工为参照，认为自己是老家人和不知道自己是哪里人的农民工有市民化意愿的可能性分别降低63.4%和29.6%。认为自己是本地人的农民工，在心理层面融入城市状况较好，因而市民化意愿更强。相比之下，认为自己是老家人的农民工对农村（老家）有较强的依恋，因而市民化意愿较弱；不知道自己是哪里人的农民工，身份认同较为模糊，因而市民化意愿也较弱。

制度性因素方面，住房性质和参加社会保障数量均对农民工市民化意愿有显著影响。住房性质对农民工市民化意愿有显著影响，以住房性质为非保障性住房的农民工为参照，住房性质为保障性住房的农民工有市民化意愿的可能性提高56.3%。农民工游离于城镇住房保障体系之外，租房居住是他们解决住房问题的主要渠道。由于收入有限，他们租住的房屋面积小、居住条件差，在城市生活质量较差。因此，政府为农民工提供保障性住房，如廉租房、公租房和经济适用房等，能够使其在城市住房得到保障，进而提升其市民化意愿。参加社会保障数量对农民工市民化意愿有显著正影响，农民工在流入地参加社会保障数量每增加一个单位，其有市民化意愿的可能性提高7.9%。农民工在城市参加社会保险的数量越多，抵御社会风险的能力越强，因而市民化意愿越强。

第二节　农民工市民化能力的影响因素分析

一　文献回顾

相较于农民工市民化意愿而言，目前学界对于农民工市民化能力的关注略显不足。有研究对农民工市民化能力的分类进行了理论上的探讨。杨云善（2012）认为，农民工市民化能力可以通过多种指标来衡量，包括就业和工资收入水平、住房情况、社会保障情况、受教育程度、赡养家庭情况、自我认知和城市融入情况等，其中工资收入水平和受教育程度应是最重要的衡量指标，直接决定着农民工市民化能力。[1] 丁静（2014）认为，市民化能力是农民工实现市民化的客观并且最核心的条件，具体指农民工跨越市民化门槛（即市民化成本）的能力，主要反映的是农民工的收入水平。[2] 林竹（2016）认为，农民工市民化能力表现为经济能力、社交能力、文化心理能力和政治能力四个相互关联的方面。其中，经济能力，即农民工是否具有在城市中稳定就业并持续获得较高工资收入的能力，从根本上决定了农民工在城市定居的可能性。[3]

在实际操作层面，学者们选取不同的指标对农民工市民化能力进行测量。徐建玲（2008）将农民工市民化能力设定为农民工在城市中的收入水平与城市居民同期的收入水平的比值，比值越高，则与城市居民的收入差距越小，市民化能力越强。[4] 在黄锟（2011）的研究中，农民工市民化能力净值 = 农民工工资 70% − 城镇居民家庭人均总支出。[5] 周密等（2012）对市民化能力（市民供给）的测量方式为：在调查当年农民工的税后工资收入高于当年打工城市人均可支配收入时，打工所在城市政府将希望他们永久定居在该城市。[6] 刘同山等（2013）将农户的市民化能力细分为个人的市民化能力和家庭的市民化能力，并认为个人的市民化能力（受教育程度和年龄）主要取决于城市工商业对农村转移劳动力的接纳程度，家庭的市民化能力主要取决于全部家庭成员在城市挣取收入的能力（家庭的非农收入）

---

①　杨云善：《农民工市民化能力不足及其提升对策》，《河南社会科学》2012 年第 20 卷第 5 期。

②　丁静：《提高新生代农民工市民化能力的思考》，《郑州大学学报》（哲学社会科学版）2014 年第 3 期。

③　林竹：《农民工市民化能力生成机理分析》，《南京工程学院学报》（社会科学版）2016 年第 16 卷第 1 期。

④　徐建玲：《农民工市民化进程度量：理论探讨与实证分析》，《农业经济问题》2008 年第 9 期。

⑤　黄锟：《城乡二元制度对农民工市民化影响的实证分析》，《中国人口·资源与环境》2011 年第 21 卷第 3 期。

⑥　周密、张广胜、黄利：《新生代农民工市民化程度的测度》，《农业技术经济》2012 年第 1 期。

和家庭与城市建立联系的紧密程度（是否在城镇买了住房）。① 宁光杰和李瑞（2016）从相对收入（流动人口月收入与流入地职工平均月工资之比）、居住条件和社会保障三个方面衡量农民工的市民化能力。②

在市民化能力的影响因素上，研究发现人力资本、社会资本和流动特征是影响农民工市民化能力的重要因素。人力资本方面，受教育年限和职业技能培训对农民工市民化能力有显著影响③，职业技能培训对于提高农民工市民化能力的影响甚至大于受教育年限的影响。④

社会资本方面，社会资本的信息效应和生产率效应会推动劳动力需求曲线右移，让拥有和使用社会网络找到工作的农民工平均工资水平上升，而其他不拥有社会网络的人的工资水平相对降低。⑤ 有研究发现，相较于求职时未使用社会网络的农民工，使用社会网络的农民工更可能获得较高的收入。⑥ 但也有研究发现，与以"自己找"形式求职（未使用社会网络）相比，通过亲戚朋友介绍求职（使用社会网络）的农民工工资更低。⑦ 从收入效应来说，农民工就职时最倚重的社会网络所能提供的就业信息的质量相对低于其他渠道。⑧

---

① 刘同山、张云华、孔祥智：《市民化能力、权益认知与农户的土地退出意愿》，《中国土地科学》2013 年第 11 期。

② 宁光杰、李瑞：《城乡一体化进程中农民工流动范围与市民化差异》，《中国人口科学》2016 年第 4 期。

③ 赵延东、王奋宇：《城乡流动人口的经济地位获得及决定因素》，《中国人口科学》2002 年第 4 期。

④ 侯风云：《中国农村人力资本收益率研究》，《经济研究》2004 年第 12 期。

⑤ 武岩、胡必亮：《社会资本与中国农民工收入差距》，《中国人口科学》2014 年第 6 期。

⑥ 赵延东、王奋宇：《城乡流动人口的经济地位获得及决定因素》，《中国人口科学》2002 年第 4 期。

⑦ 黄乾：《两种就业类型农民工工资收入差距的比较研究》，《财经问题研究》2009 年第 6 期。

⑧ 刘士杰：《人力资本、职业搜寻渠道、职业流动对农民工工资的影响——基于分位数回归和 OLS 回归的实证分析》，《人口学刊》2011 年第 5 期。

流动特征（流动范围）方面，宁光杰和李瑞（2016）发现，省内流动的农民工市民化能力显著强于跨省流动的农民工，农民工在本省范围内更容易实现市民化。[1] 李中建和袁璐璐（2017）发现，务工距离与农民工工资水平之间存在着"正 U 型"关系。务工在本县范围内，务工距离增加会带来工资水平下降；而务工距离一旦超出本县，上述作用结果则会发生逆转。[2] 李静等（2017）发现，市外迁移的平均收入增长效应大于市内迁移的平均收入增长效应。[3]

综合已有研究，本书主要考察人力资本、社会资本和流动特征对农民工市民化的影响。

二　变量选择

被解释变量为农民工市民化能力，指农民工是否具备在城市生活的能力，通过农民工个人年收入与同期城镇居民人均可支配收入的比值进行测算。由于农民工收入以工资性收入为主，工资性收入在很大程度上反映着农民工在经济层面立足城市的能力；城镇居民人均可支配收入主要反映着农民工所在城市的居民收入水平和生活水平，因此本研究将农民工个人年收入与同期城镇居民人均可支配收入的比值作为农民工市民化能力的测算指标，能够客观、合理地反映出农民工是否具备市民化能力。农民工个人年收入用农民工个人上个月（或上次就业）的收入乘以 12 计算得出。若农民工个人年收入与同期城镇居民人均可支配收入的比值大于等于 1，定义为有市民化能力；若比值小于 1，定义为无市民化能力。2013 年 8 个城市城镇居民人均可支配收入见表5.3。

---

[1]　宁光杰、李瑞：《城乡一体化进程中农民工流动范围与市民化差异》，《中国人口科学》2016 年第 4 期。

[2]　李中建、袁璐璐：《务工距离对农民工就业质量的影响分析》，《中国农村经济》2017 年第 6 期。

[3]　李静、李逸飞、周孝：《迁移类型、户籍身份与工资收入水平》，《经济理论与经济管理》2017 年第 11 期。

表5.3　　　　　　2013年8个城市城镇居民人均可支配收入（元）

上海市松江区	无锡市	苏州市	泉州市	武汉市	长沙市	西安市	咸阳市
35886	38999	41143	35430	29821	33662	33100	28488

资料来源：《松江统计年鉴2014》；《无锡统计年鉴2014》；《苏州统计年鉴2014》；《泉州年鉴2014》；《武汉统计年鉴2014》；《长沙统计年鉴2014》；《西安统计年鉴2014》；《咸阳统计年鉴2013》。

解释变量包括个体特征、人力资本、社会资本和流动特征四个维度。（1）个体特征。性别，女性赋值为0，男性赋值为1。（2）人力资本。人力资本包括受教育年限、是否接受职业技能培训和外出务工年限。受教育年限，将农民工教育程度转换成实际受教育年限，未上过学赋值为0年，小学赋值为6年，初中赋值为9年，高中和中专赋值为12年，大专赋值为15年，本科赋值为16年，研究生赋值为19年。职业技能培训，未接受赋值为0；接受赋值为1。外出务工年限，用调查年份2013年与农民工首次外出打工年份相减得到。（3）社会资本。本研究用农民工就业途径，即就业时是否使用社会网络，来反映农民工的社会资本。若农民工是通过政府相关部门、社会中介、网络、传媒广告、招聘会、自主创业、自己或其他途径找到目前工作的，定义为"未使用社会网络"，赋值为0；若农民工是通过本地熟人、外地熟人、家人/亲戚或同乡/朋友/同学找到目前工作的，则定义为"使用社会网络"，赋值为1。（4）流动特征。本研究用流动范围来反映农民工的流动特征，将省内跨市流动和市内跨县流动合并为"省内流动"，赋值为0；跨省流动赋值为1。变量定义及描述性统计见表5.4。

表5.4　　　　　　变量定义及描述性统计（N=12807）

	定义	均值	标准差
市民化能力	无=0；有=1	0.49	0.500
性别	女性=0；男性=1	0.57	0.495

续表

	定义	均值	标准差
受教育年限	年	9.73	2.468
职业技能培训	未接受 = 0；接受 = 1	0.13	0.338
外出务工年限	2013 年 - 农民工首次外出务工年份	8.66	6.267
就业途径	未使用社会网络 = 0；使用社会网络 = 1	0.48	0.500
流动范围	省内流动 = 0；跨省流动 = 1	0.57	0.495

资料来源：原国家卫生和计划生育委员会 2013 年流动人口动态监测调查。

三　实证分析

由于被解释变量农民工市民化能力是一个二分变量，因此本研究运用二分类 Logistic 回归模型对农民工市民化能力的影响因素进行实证分析。表 5.5 报告了农民工市民化能力影响因素的二分类 Logistic 回归结果，结果表明个体特征、人力资本、社会资本和流动特征均对农民工市民化能力有显著影响。

个体特征方面，性别对农民工市民化能力有显著影响。以女性农民工为参照，男性农民工有市民化能力的可能性是女性农民工的 3.027 倍。对此可能的解释为，女性农民工在劳动力市场中是受到户籍和性别双重制约的弱势群体，其收入往往低于男性农民工，因此女性农民工市民化能力显著低于男性农民工。

人力资本方面，受教育年限和外出务工年限对农民工市民化能力有显著影响，但是否接受职业技能培训对农民工市民化能力无显著影响。受教育年限对农民工市民化能力有显著正影响，农民工受教育年限每增加一年，其有市民化能力的可能性提高 9.9%。农民工受教育年限越长，人力资本存量越高，在城市找到一份具有较高收入工作的可能性越大，因而市民化能力越强。外出务工年限对农民工市民化能力有显著正影响，农民工外出务工年限每增加一年，其有市民化能力的可能性提高 4.7%。农民工外出务工年限越长，工作经验和劳动技能越能够得到积累和提高，提高收入的可能性也越大，因而市民化能力越强。

表5.5　　　　　　　　农民工市民化能力影响因素的模型结果

	B	Exp（B）
性别（女性 = 参照） 男性	1.107	3.027 ***
受教育年限	0.095	1.099 ***
职业技能培训	0.068	1.071
外出务工年限	0.046	1.047 ***
就业途径（未使用社会网络 = 参照） 使用社会网络	− 0.188	0.828 ***
流动范围（省内流动 = 参照） 跨省流动	− 0.199	0.819 ***
常量	− 1.798	0.166 ***
Cox & Snell R^2	0.105	
Nagelkerke R^2	0.140	

注：＊＊＊、＊＊和＊分别表示在1%、5%和10%的水平上显著。

社会资本方面，就业途径对农民工市民化能力有显著影响，以就业时未使用社会网络的农民工为参照，就业时使用社会网络的农民工有市民化能力的可能性仅为前者的82.8%。王毅杰和童星（2003）的研究也支持这一结论，就流动农民的职业获得途径而言，利用市场机制（家乡包工头、家乡政府机构、家乡劳动服务组织、城里的劳动市场、职业介绍所、各类广告、自己）的经济效用要高于利用网络机制（亲属、在家乡就认识的外出务工者、到城市才认识的外出务工者），通过市场机制获得职业比通过网络机制的收入要高。① 因此，相较于就业时未使用社会网络的农民工，使用社会网络的农民工市民化能力更低。

流动特征方面，流动范围对农民工市民化能力有显著影响，以省内流动的农民工为参照，跨省流动的农民工有市民化能力的可

① 王毅杰、童星：《流动农民职业获得途径及其影响因素》，《江苏社会科学》2003年第5期。

能性仅为省内流动的农民工的 81.9%，这表明省内流动的农民工市民化能力显著强于跨省流动的农民工。对此可能的解释为，本研究采用农民工个人年收入与同期城镇居民人均可支配收入的比值对农民工市民化能力进行测算，这一指标反映的是农民工的相对收入水平。相较于跨省流动的农民工，省内流动的农民工相对收入水平更高，因此市民化能力更强。这意味着，相较于省内流动而言，更大范围的跨省流动迁移的成本更高、风险更大、竞争也更为激烈[1]，因而省内流动的农民工相对收入水平更高，市民化能力也更强。

第三节　本章小结

本章对农民工市民化的影响因素进行实证分析。首先，考察个体特征、人力资本、社会资本、心理资本和制度性因素对农民工市民化意愿的影响，研究发现：个体特征（性别和婚姻状况）对农民工市民化意愿无显著影响；人力资本中的受教育年限、城市务工年限和月收入（对数）对农民工市民化意愿有显著影响，但是否接受职业技能培训对农民工市民化意愿无显著影响；社会资本中的就业途径对农民工市民化意愿有显著影响，但参加社会活动数量对农民工市民化意愿无显著影响；心理资本中的城市归属感和身份认同均对农民工市民化意愿有显著影响；制度性因素中的住房性质和参加社会保障数量均对农民工市民化意愿有显著影响。

其次，考察个体特征、人力资本、社会资本和流动特征对农民工市民化能力的影响，研究发现：个体特征（性别）对农民工市民化能力有显著影响；人力资本中的受教育年限和外出务工年限对农民工市民化能力有显著影响，但是否接受职业技能培训对农民工市

---

[1]　国家卫生和计划生育委员会流动人口司：《中国流动人口发展报告 2017》，中国人口出版社 2017 年版，第 56 页。

民化能力无显著影响；社会资本（就业途径）对农民工市民化能力有显著影响；流动特征（流动范围）对农民工市民化能力有显著影响。

第六章　代际分化与农民工市民化

本研究以农民工的出生年份作为代际划分的依据，将 1980 年以前出生的农民工界定为老一代农民工，将 1980 年及以后出生的农民工界定为新生代农民工。据此次调查，老一代农民工 6124 人，占 45.9%；新生代农民工 7213 人，占 54.1%。本章安排如下：首先，对老一代农民工和新生代农民工基本特征进行比较分析。其次，从经济活动、基本公共服务和社会融入三个维度对老一代农民工和新生代农民工市民化状况进行比较分析。最后，对老一代农民工和新生代农民工市民化影响因素进行比较分析。

第一节　新生代农民工与老一代
农民工基本特征

一　性别构成

老一代农民工和新生代农民工在性别构成上均以男性为主，两代农民工中男性比例均高于女性比例，老一代农民工中男性占 58.9%，女性占 41.1%，二者相差 17.8 个百分点；新生代农民工中男性占 53.0%，女性占 47.0%，二者相差 6 个百分点。就性别比而言，老一代农民工性别比为 143.3%，新生代农民工性别比为 112.8%，老一代农民工性别比超过新生代农民工 30.5 个百分点，这表明相较于老一代农民工，新生代农民工性别构成更为均衡，见表 6.1。

表6.1 　　　　　　　　　**两代农民工性别构成（%）**

	老一代农民工	新生代农民工
男性	58.9	53.0
女性	41.1	47.0
总计	100.0	100.0

资料来源：原国家卫生和计划生育委员会2013年流动人口动态监测调查。

二　平均年龄

就平均年龄而言，老一代农民工平均年龄为40.63岁（标准差为5.22岁）；新生代农民工平均年龄为25.47岁（标准差为4.29岁）。新老两代农民工平均年龄约相差15.16岁，且老一代农民工群体内部年龄差异相对大于新生代农民工，见表6.2。

表6.2 　　　　　　　　　**两代农民工平均年龄（岁）**

	老一代农民工	新生代农民工
平均年龄	40.63	25.47
标准差	5.22	4.29

资料来源：原国家卫生和计划生育委员会2013年流动人口动态监测调查。

三　教育程度

就教育程度而言，两代农民工教育程度均以初中为主，但新生代农民工教育程度总体上高于老一代农民工。老一代农民工中未上过学的占2.0%，而新生代农民工中未上过学的占0.3%。老一代农民工教育程度为小学和初中的比例分别高出新生代农民工16.2和6.4个百分点。与老一代农民工不同，新生代农民工教育程度为高中及以上的比例相对更高，新生代农民工教育程度为高中、中专、大专和本科的比例分别高出老一代农民工7.7、8.4、6.3和1.9个百分点，见表6.3。就平均受教育年限而言，老一代农民工平均受教育年限为8.82年（标准差为2.36年），新生代农民工平均受教育年限为10.45年

（标准差为 2.31 年），老一代农民工受教育程度约是初中水平，新生
代农民工受教育程度约是高中或中专水平，见表 6.3。

表 6.3　　　　　　　　　两代农民工教育程度（%）

	老一代农民工	新生代农民工
未上过学	2.0	0.3
小学	20.0	3.8
初中	60.1	53.7
高中	13.5	21.2
中专	2.4	10.8
大专	1.7	8.0
本科	0.2	2.1
研究生	0.0	0.0
总计	100.0	100.0
平均受教育年限（年）	8.82（2.36）	10.45（2.31）

资料来源：原国家卫生和计划生育委员会 2013 年流动人口动态监测调查。

注：括号内为标准差。

四　婚姻状况

就婚姻状况而言，老一代农民工和新生代农民工的婚姻状况均以
已婚（初婚和再婚）为主，但老一代农民工已婚的比例高于新生代
农民工。具体而言，老一代农民工已婚的占 96.6%，新生代农民工
已婚的占 61.9%，老一代农民工已婚的比例高出新生代农民工 34.7
个百分点。相应地，新生代农民工未婚的比例则高于老一代农民工，
新生代农民工未婚的比例为 37.8%，老一代农民工未婚的比例仅为
1.4%，新生代农民工未婚的比例高出老一代农民工 36.4 个百分点，
见表 6.4。相较于老一代农民工，新生代农民工在婚恋观念上更接近
于城市市民，早婚早育的思想在逐渐淡化。[1]

----

① 刘传江、程建林、董延芳：《中国第二代农民工研究》，山东人民出版社 2009 年
版，第 53 页。

表6.4　　　　　　　　两代农民工婚姻状况（%）

	老一代农民工	新生代农民工
未婚	1.4	37.8
初婚	95.3	61.6
再婚	1.3	0.3
离婚	1.5	0.4
丧偶	0.6	0.0
总计	100.0	100.0

资料来源：原国家卫生和计划生育委员会2013年流动人口动态监测调查。

五　流动范围

两代农民工在流动范围上呈现出一定的相似性，即新生代农民工和老一代农民工的流动范围均以跨省流动为主，其次是省内跨市流动，市内跨县流动的比例最低。就跨省流动而言，老一代农民工跨省流动的占55.6%，低于新生代农民工2.8个百分点；就省内跨市流动

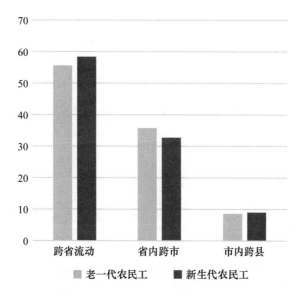

图6.1　两代农民工流动范围（%）

资料来源：原国家卫生和计划生育委员会2013年流动人口动态监测调查。

而言，老一代农民工省内跨市流动的占35.8%，高出新生代农民工3.1个百分点；就市内跨县流动而言，老一代农民工市内跨县流动的占8.6%，低于新生代农民工0.4个百分点，见图6.1。

第二节　新生代农民工与老一代农民工市民化状况

一　经济活动层面的市民化状况

（一）就业情况

在就业行业分布上，两代农民工就业行业均主要集中在第二产业中的制造业和第三产业中的批发零售、住宿餐饮和社会服务业。然而，新生代农民工从事制造业的比例为43.0%，高出老一代农民工9.8个百分点；老一代农民工从事批发零售、住宿餐饮和社会服务业的比例分别高出新生代农民工6.3、0.2和0.2个百分点。此外，新生代农民工从事金融/保险/房地产，教育、文化及广播电视以及科研和技术服务领域的比例高于老一代农民工，分别高出老一代农民工0.7、0.2和0.8个百分点，这意味着新生代农民工从事具有高人力资本含量工作的比例相对更高，见表6.5。

表6.5　　　　　　　　两代农民工就业行业分布（%）

		老一代农民工	新生代农民工
第二产业	制造业	33.2	43.0
	采掘业	0.4	0.3
	建筑	7.9	4.9
	电煤水生产供应	0.8	0.4
第三产业	批发零售	21.2	14.9
	住宿餐饮	12.8	12.6
	社会服务	11.0	10.8
	金融/保险/房地产	0.4	1.1

续表

		老一代农民工	新生代农民工
第三产业	交通运输、仓储通信	3.6	3.4
	卫生、体育和社会福利	0.6	0.4
	教育、文化及广播电视	0.5	0.7
	科研和技术服务	0.4	1.2
	党政机关和社会团体	0.1	0.2
	其他	7.2	5.9
	总计	100.0	100.0

资料来源：原国家卫生和计划生育委员会2013年流动人口动态监测调查。

就劳动时间而言，老一代农民工平均每周工作6.42天，平均每天工作9.70小时。新生代农民工平均每周工作6.18天，平均每天工作9.47小时。用平均每周工作天数乘以平均每天工作时数得出平均每周工作时数，老一代农民工平均每周工作62.81小时，新生代农民工平均每周工作58.99小时。总体而言，老一代农民工平均劳动时间长于新生代农民工。就是否超时劳动而言，老一代农民工平均每天工作超过8小时和平均每周工作超过44小时的分别占62.8%和88.6%，新生代农民工平均每天工作超过8小时和平均每周工作超过44小时的分别占55.8%和83.1%，两代农民工均存在超时劳动情况，但老一代农民工超时劳动的比例高于新生代农民工，老一代农民工超时劳动情况更为严重，见表6.6。

表6.6　　　　　　　**两代农民工劳动时间**

	老一代农民工	新生代农民工
平均每周工作天数	6.42（0.77）	6.18（0.77）
平均每天工作时数	9.70（1.95）	9.47（1.80）
平均每周工作时数	62.81（16.49）	58.99（15.44）
平均每天工作超过8小时（%）	62.8	55.8

续表

	老一代农民工	新生代农民工
平均每周工作超过 44 小时（%）	88.6	83.1

资料来源：原国家卫生和计划生育委员会 2013 年流动人口动态监测调查。

注：括号内为标准差。

就劳动合同签订状况而言，老一代农民工签订劳动合同（无固定期限、有固定期限和完成一次性工作任务或试用期）的占 67.3%，新生代农民工签订劳动合同的占 72.1%，二者相差 4.8 个百分点。老一代农民工未签订劳动合同的占 29.1%，新生代农民工未签订劳动合同的占 24.2%，二者相差 4.9 个百分点。总体而言，新生代农民工签订劳动合同的比例高于老一代农民工，这意味着新生代农民工维权意识更强，见图 6.2。

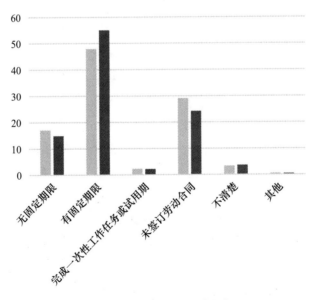

■ 老一代农民工　■ 新生代农民工

图 6.2　两代农民工劳动合同签订状况（%）

资料来源：原国家卫生和计划生育委员会 2013 年流动人口动态监测调查。

（二）收入情况

就农民工个人月收入而言，老一代农民工个人月收入为 3478.20元（标准差为 2557.00 元），新生代农民工个人月收入为 3263.58 元（标准差为 2056.84 元）。老一代农民工个人月收入高于新生代农民工，两代农民工个人月收入均值相差 214.62 元，且老一代农民工月收入的内部差异大于新生代农民工，见图 6.3。

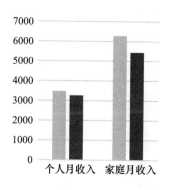

图 6.3　两代农民工月收入情况（元）

资料来源：原国家卫生和计划生育委员会 2013 年流动人口动态监测调查。

就农民工家庭月收入而言，老一代农民工家庭月收入为 6278.08元（标准差为 5272.28 元），新生代农民工家庭月收入为 5441.68 元（标准差为 4487.98 元），老一代农民工家庭月收入高于新生代农民工家庭月收入，两代农民工家庭月收入均值相差 836.4 元，且老一代农民工家庭月收入的内部差异大于新生代农民工家庭，见图 6.3。

（三）消费情况

就农民工家庭消费情况而言，老一代农民工家庭消费水平高于新生代农民工。就农民工家庭月总支出而言，老一代农民工家庭平均每月总支出为 2767.41 元（标准差为 1889.90 元），新生代农民工家庭平均每月总支出为 2374.25 元（标准差为 1716.49 元），老一代农民工家庭平均月总支出比新生代农民工家庭多 393.16 元。就农民工家庭月食品支出而言，老一代农民工平均每月食品支出为 1109.54 元（标准差为 692.07 元），新生代农民工家庭平均每月食品支出为 970.8 元（标准差为 660.71 元），老一代农民工家庭平均每月食品支出比新生代农民工家庭多 138.74 元。就农民工家庭月房租支出而言，老一代农民工家庭平均每月交纳房租 624.19 元（标准差为 787.24 元），新生代农民工家庭平均每月交纳房租 536.82 元（标准差为 661.96 元），老一代农民工家庭平均每月交纳房租比新生代农民工家庭多 87.37 元，见图 6.4。

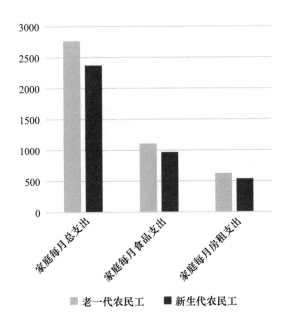

图 6.4 两代农民工家庭消费情况（元）

资料来源：原国家卫生和计划生育委员会 2013 年流动人口动态监测调查。

二 基本公共服务层面的市民化状况

（一）居住状况

就住房性质而言，老一代农民工和新生代农民工住房性质均以租住私房为主，老一代农民工租住私房的占 70.5%，新生代农民工租住私房的占 64.4%。老一代农民工住房性质为已购商品房的比例高于新生代农民工，二者相差 1.5 个百分点。保障性住房（政府提供廉租房、政府提供公租房和已购政策性保障房）方面，老一代农民工享有保障性住房的比例为 0.7%，新生代农民工享有保障性住房的比例为 0.5%，两代农民工享有保障性住房的比例均极低，见表6.7。

表6.7 两代农民工住房性质（%）

	老一代农民工	新生代农民工
租住单位/雇主房	9.1	12.5
租住私房	70.5	64.4
政府提供廉租房	0.2	0.2
政府提供公租房	0.4	0.2
单位/雇主提供免费住房	9.0	13.3
已购政策性保障房	0.1	0.1
已购商品房	6.4	4.9
借住房	0.9	1.7
就业场所	2.7	2.1
自建房	0.4	0.3
其他非正规居所	0.3	0.2
总计	100.0	100.0

资料来源：原国家卫生和计划生育委员会2013年流动人口动态监测调查。

就居住环境而言，两代农民工居住社区有一定相似性，即两代农民工主要是居住在农村社区、城乡接合部、未经改造的老城区，且老一代农民工居住在农村社区、城乡接合部和未经改造的老城区的比例分别高出新生代农民工1.1、1.2和4.0个百分点。然而，新生代农民工居住在别墅区或商品房社区的比例高出老一代农民工2.7个百分点，这表明相较于老一代农民工，新生代农民工更加追求舒适的居住环境，见表6.8。

表6.8　　　　　　　　　　两代农民工居住社区（%）

	老一代农民工	新生代农民工
别墅区或商品房社区	8.9	11.6
经济适用房社区	3.6	3.9
机关事业单位社区	1.5	1.5
工矿企业社区	4.7	6.5
未经改造的老城区	12.7	8.7
城中村或棚户区	8.9	9.5
城乡接合部	20.8	19.6
农村社区	37.5	36.4
其他	1.4	2.3
总计	100.0	100.0

资料来源：原国家卫生和计划生育委员会2013年流动人口动态监测调查。

（二）社会保障状况

就城镇养老保险而言，老一代农民工参加城镇养老保险的占18.2%，新生代农民工参加城镇养老保险的占24.7%，二者相差6.5个百分点。就城镇职工医保而言，老一代农民工参加城镇职工医保的占18.0%，新生代农民工参加城镇职工医保的占27.0%，二者相差9.0个百分点。就工伤保险而言，老一代农民工参加工伤保险的占20.0%，新生代农民工参加工伤保险的占29.3%，二者相差9.3个百分点。就失业保险而言，老一代农民工参加失业保险的占12.8%，新生代农民工参加失业保险的占20.8%，二者相差8.0个百分点。就生育保险而言，老一代农民工参加生育保险的占4.2%，新生代农民工参加生育保险的占9.4%，二者相差5.2个百分点。就住房公积金而言，老一代农民工有住房公积金的占4.6%，新生代农民工有住房公积金的占9.8%，二者相差5.2个百分点。总体而言，新生代农民工参加各项社会保险的比例高于老一代农民工，新生代农民工社会保障状况优于老一代农民工，见图6.5。

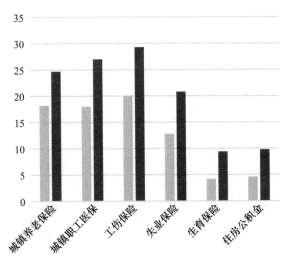

图6.5　两代农民工社会保障状况（％）

资料来源：原国家卫生和计划生育委员会2013年流动人口动态监测调查。

（三）职业技能培训状况

就接受职业技能培训状况而言，两代农民工绝大多数均未接受过职业技能培训。具体而言，老一代农民工接受过职业技能培训的占12.8％，未接受过职业技能培训的占87.2％。新生代农民工接受过职业技能培训的占13.1％，未接受过职业技能培训的占86.9％。两代农民工接受过职业技能培训的比例均较低，但新生代农民工接受过职业技能培训的比例略高于老一代农民工，二者相差0.3个百分点，见表6.9。

表6.9　　　　　　**两代农民工接受技能培训状况（％）**

	老一代农民工	新生代农民工
未接受	87.2	86.9
接受	12.8	13.1
总计	100.0	100.0

资料来源：原国家卫生和计划生育委员会2013年流动人口动态监测调查。

三　社会融入层面的市民化状况

本研究从社会参与（社会组织和社会活动）、社会交往（交往对象和困难求助对象）、城市归属感和身份认同四个维度对新老两代农民工社会融入层面的市民化状况进行比较分析。

（一）社会参与

就社会组织参与情况而言，老一代农民工和新生代农民工在社会组织参与上呈现出一定的相似性，即两代农民工参与最多的社会组织依次为老乡会和工会，但老一代农民工参加老乡会的比例高出新生代农民工5.9个百分点，而新生代农民工参加工会的比例则高出老一代农民工2.8个百分点。此外，老一代农民工参加志愿者协会和家乡商会组织的比例分别高出新生代农民工4.5和2.0个百分点，而新生代农民工参加流动党（团）支部、本地党（团）支部、同学会的比例相比老一代农民工则分别提高1.9、0.8和12.4个百分点，见图6.6。

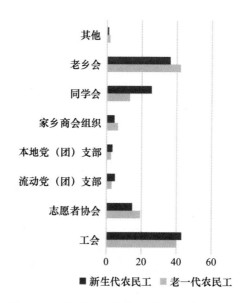

图6.6　两代农民工参加社会组织情况（％）

资料来源：原国家卫生和计划生育委员会2013年流动人口动态监测调查。

注：百分比为个案百分比。

就社会活动参与情况而言，社区文体活动、社会公益活动是新老两代农民工参加比例最高的两项活动，新生代农民工参加上述两项活动的比例分别高出老一代农民工1.2和1.5个百分点。相比之下，老一代农民工参加选举活动、业主委员会活动和居委会管理活动的比例则远高于新生代农民工，老一代农民工参加上述活动的比例分别高出新生代农民工3.9、1.2和5.6个百分点，见图6.7。

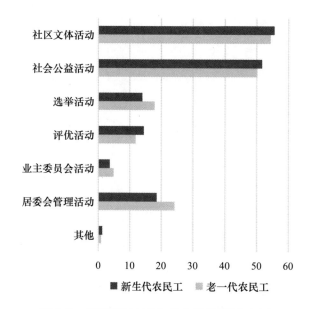

图6.7　两代农民工参加社会活动情况（%）

资料来源：原国家卫生和计划生育委员会2013年流动人口动态监测调查。

注：百分比为个案百分比。

（二）社会交往

就交往对象而言，新老两代农民工交往对象均以一起出来打工的亲戚、一起打工出来的同乡和其他一起打工的朋友为主。老一代农民工交往对象为一起出来打工的亲戚和一起出来打工的同乡的比例分别高出新生代农民工3.3个百分点和1.7个百分点，但老一代农民工交往对象为其他一起打工的朋友的比例相比新生代农民工则减少6.5个百分点。值得注意的是，新生代农民工交往对象为本地同学的比例为21.6%，高出老一代农民工8.3个百分点，这可能是由于新生代农民工随父辈进城较早或在城市出生，在城市上学的比例较高，因而交往对象为本地同学的比例也更高，见表6.10。

表6.10　　　　　　两代农民工交往对象（%）

	老一代农民工	新生代农民工
一起出来打工的亲戚	74.3	71.0
一起出来打工的同乡	71.2	69.5
本地户籍亲戚	17.5	16.9
其他一起打工的朋友	61.1	67.6
本地户籍同事	19.2	24.1
政府管理服务人员	4.5	3.2
本地同学	13.3	21.6
跟人来往不多	18.0	16.9
其他人	0.8	0.7

资料来源：原国家卫生和计划生育委员会2013年流动人口动态监测调查。

注：百分比为个案百分比。

就困难求助对象而言，老一代农民工和新生代农民工困难求助对象均以一起出来打工的亲戚、一起出来打工的同乡和其他一起打工的朋友为主。老一代农民工困难求助对象为一起出来打工的亲戚和一起出来打工的同乡的比例分别为74.7%和62.1%，分别高出新生代农民工3.0和0.5个百分点，而新生代农民工困难求助对象为其他一起打工的朋友的比例则高出老一代农民工6.5个百分点。此外，新生代农民工的困难求助对象为本地同学的比例高出老一代农民工8.1个百分点，见表6.11。

表6.11　　　　　　　　　两代农民工困难求助对象（%）

	老一代农民工	新生代农民工
一起出来打工的亲戚	74.7	71.7
一起出来打工的同乡	62.1	61.6
本地户籍亲戚	17.2	16.7
其他一起打工的朋友	51.4	57.9
本地户籍同事	13.7	17.6
行政执法部门人员	10.5	10.1
本地同学	10.6	18.7
村/居委会、物业人员、房东	24.2	21.1
很少找人	22.5	21.1
其他人	0.8	0.8

资料来源：原国家卫生和计划生育委员会2013年流动人口动态监测调查。

注：百分比为个案百分比。

（三）城市归属感

就城市归属感而言，老一代农民工有城市归属感的占90.8%，新生代农民工有城市归属感的占89.5%，二者相差1.3个百分点。两代农民工城市归属感均较强，但老一代农民工城市归属感略强于新生代农民工，见图6.8。

（四）身份认同

老一代农民工和新生代农民工在身份认同上均以认为自己属于流出地（老家人）为主，但新生代农民工认为自己属于老家人的比例高于老一代农民工，二者相差3.3个百分点。老一代农民工认为自己是本地人和新本地人的比例分别高出新生代农民工2.2和1.2个百分点。值得注意的是，两代农民工均存在身份认同模糊的情况，老一代农民工和新生代农民工不知道自己是哪里人的分别占2.9%和3.1%。总体而言，两代农民工在身份认同上均以认为自己是老家人居多，但老一代农民工身份认同状况略好于新生代农民工，见图6.9。杨菊华等（2016）的研究也得出相似的结论，无论哪个代际群体（1980年

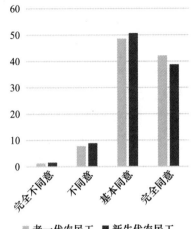

图 6.8 两代农民工城市归属感（％）

资料来源：原国家卫生和计划生育委员会 2013 年流动人口动态监测调查。

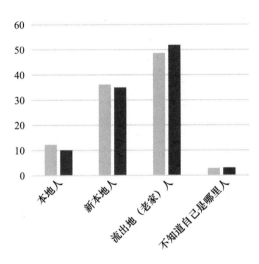

图 6.9 两代农民工身份认同状况（％）

资料来源：原国家卫生和计划生育委员会 2013 年流动人口动态监测调查。

前出生为老生代、1980—1990 年间出生为中生代、1990 年后出生为
新生代），老家人身份认同占比均超过 7 成，本地人或新本地人身份

认同极低。然而，老生代流动人口本地人认同的比例最高、新生代最低，但老生代和中生代的差异不大。[①]

（五）就业途径

老一代农民工和新生代农民工就业途径均是以家人/亲戚、同乡/朋友/同学、自主创业和自己找到为主。但值得注意的是，老一代农民工自主创业和自己找到工作的比例分别高出新生代农民工 8.9 和 3.7 个百分点，而新生代农民工依靠家人/亲戚和同乡/朋友/同学找到工作的比例则高出老一代农民工 1.5 和 4.0 个百分点。这意味着，老一代农民工由于年龄较大、经验较丰富，能够凭借其自身能力（自主创业和自己找到）在城市谋求一份工作；而新生代农民工由于年龄较轻、经验相对缺乏，因而使用社会网络（家人/亲戚和同乡/朋友/同学）找到工作的比例相对较高，见表 6.12。

表 6.12　　　　　　　　　两代农民工就业途径（%）

	老一代农民工	新生代农民工
政府相关部门	0.4	0.3
社会中介	2.4	6.2
本地熟人	6.6	5.7
外地熟人	4.9	4.3
家人/亲戚	19.6	21.1
同乡/朋友/同学	15.0	19.0
网络	0.4	2.2
传媒广告	0.1	0.3
招聘会	1.7	4.3
自主创业	19.4	10.5
自己找到	29.3	25.6
其他	0.1	0.4

[①] 杨菊华、吴敏、张娇娇：《流动人口身份认同的代际差异研究》，《青年研究》2016年第4期。

	老一代农民工	新生代农民工
总计	100.0	100.0

资料来源：原国家卫生和计划生育委员会2013年流动人口动态监测调查。

第三节　农民工市民化影响因素的代际差异

一　农民工市民化意愿影响因素的代际差异

（一）老一代农民工和新生代农民工市民化意愿

就市民化意愿而言，老一代农民工有市民化意愿的占51.3%，无市民化意愿的占48.7%。新生代农民工有市民化意愿的占52.0%，无市民化意愿的占48.0%。总体而言，两代农民工有市民化意愿的均超过半数，但新生代农民工有市民化意愿的比例略高于老一代农民工，二者相差0.7个百分点，见图6.10。

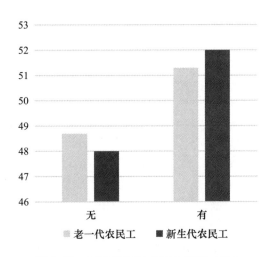

图6.10　两代农民工市民化意愿（%）

资料来源：原国家卫生和计划生育委员会2013年流动人口动态监测调查。

（二）农民工市民化意愿影响因素的代际差异

表 6.13 报告了老一代农民工和新生代农民工市民化意愿影响因素的回归结果。模型 1 表明，人力资本、社会资本、心理资本和制度性因素对老一代农民工市民化意愿有显著影响，但个体特征对老一代农民工市民化意愿无显著影响。人力资本方面，受教育年限和城市务工年限对老一代农民工市民化意愿有显著影响，但是否接受职业技能培训和月收入对老一代农民工市民化意愿无显著影响。受教育年限对老一代农民工市民化意愿有显著正影响，老一代农民工受教育年限每增加一年，其有市民化意愿的可能性提高 3.3%。城市务工年限对老一代农民工市民化意愿有显著正影响，老一代农民工在城市务工年限每增加一年，其有市民化意愿的可能性提高 2.7%。社会资本方面，就业途径对老一代农民工市民化意愿有显著影响，但参加社会活动数量对老一代农民工市民化意愿无显著影响。就业途径对老一代农民工市民化意愿有显著影响，以就业时未使用社会网络的老一代农民工为参照，就业时使用社会网络的老一代农民工有市民化意愿的可能性仅为前者的 74.5%。心理资本方面，城市归属感和身份认同均对老一代农民工市民化意愿有显著影响。城市归属感对老一代农民工市民化意愿有显著影响，以无城市归属感的老一代农民工为参照，有城市归属感的老一代农民工有市民化意愿的可能性提高 19.5%。身份认同对老一代农民工市民化意愿有显著影响，以认为自己是本地人的老一代农民工为参照，认为自己是老家人的老一代农民工有市民化意愿的可能性仅为前者的 35.5%。制度性因素方面，住房性质和社会保障数量均对老一代农民工市民化意愿有显著影响。住房性质对老一代农民工市民化意愿有显著影响，以住房性质为非保障性住房的老一代农民工为参照，住房性质为保障性住房的老一代农民工有市民化意愿的可能性是前者的 2.008 倍。社会保障数量对老一代农民工市民化意愿有显著正影响，老一代农民工参加社会保障数量每增加一个，其有市民化意愿的可能性提高 9.1%。

表 6.13 农民工市民化意愿影响因素的代际差异模型结果

	模型 1 (老一代农民工)		模型 2 (新生代农民工)	
	B	Exp（B）	B	Exp（B）
性别（女性 = 参照）男性	0.013	1.013	0.014	1.014
婚姻状况（无配偶 = 参照）有配偶	0.107	1.113	0.091	1.095
受教育年限	0.032	1.033 ***	0.076	1.079 ***
城市务工年限	0.026	1.027 ***	0.049	1.051 ***
职业技能培训（未接受 = 参照）接受	0.069	1.072	−0.022	0.979
月收入（对数）	0.007	1.007	0.137	1.147 **
就业途径（未使用社会网络 = 参照）使用社会网络	−0.294	0.745 ***	−0.233	0.792 ***
参加社会活动数量	−0.007	0.993	0.077	1.080 **
城市归属感（无 = 参照）有	0.178	1.195 *	0.505	1.658 ***
身份认同（本地人 = 参照）老家人 不知道自己是哪里人	−1.035 −0.205	0.355 *** 0.815	−0.988 −0.469	0.372 *** 0.626 ***
住房性质（非保障性 = 参照）保障性	0.697	2.008 **	0.192	1.212
社会保障数量	0.087	1.091 ***	0.062	1.063 ***
常量	−0.167	0.846	−1.946	0.143 ***
Cox & Snell R^2	0.088		0.098	
Nagelkerke R^2	0.117		0.131	

注：＊＊＊、＊＊和＊分别表示在 1%、5% 和 10% 的水平上显著。

模型 2 表明，人力资本、社会资本、心理资本和制度性因素对新生代农民工市民化意愿有显著影响，但个体特征对新生代农民工市民化意愿无显著影响。人力资本方面，受教育年限、城市务工年限和月收入对新生代农民工市民化意愿有显著影响，但是否接受职业技能培训对新生代农民工市民化意愿无显著影响。受教育年限对新生代农民工市民化意愿有显著正影响，新生代农民工受教育年限每增加一年，其有市民化意愿的可能性提高 7.9%。城市务工年限对新生代农民工市民化意愿有显著正影响，新生代农民工在城市务工年限每增加一年，其有市民化意愿的可能性提高 5.1%。月收入（对数）对新生代农民工市民化意愿有显著正影响，新生代农民工月收入（对数）每提高一个单位，其有市民化意愿的可能性提高 14.7%。社会资本方面，就业途径和参加社会活动数量均对新生代农民工市民化意愿有显著影响。就业途径对新生代农民工市民化意愿有显著影响，以就业时未使用社会网络的新生代农民工为参照，就业时使用社会网络的新生代农民工有市民化意愿的可能性仅为前者的 79.2%，就业时使用社会网络显著降低新生代农民工市民化意愿。参加社会活动数量对新生代农民工市民化意愿有显著正影响，新生代农民工参加社会活动数量每增加一个，其有市民化意愿的可能性提高 8%。心理资本方面，城市归属感和身份认同均对新生代农民工市民化意愿有显著影响。城市归属感对新生代农民工市民化意愿有显著影响，以无城市归属感的新生代农民工为参照，有城市归属感的新生代农民工有市民化意愿的可能性提高 65.8%。身份认同对新生代农民工市民化意愿有显著影响，以认为自己是本地人的新生代农民工为参照，认为自己是老家人和不知道自己是哪里人的新生代农民工有市民化意愿的可能性分别为前者的 37.2% 和 62.6%。制度性因素方面，参加社会保障数量对新生代农民工市民化意愿有显著影响，但住房性质对新生代农民工市民化意愿无显著影响。参加社会保障数量对新生代农民工市民化意愿有显著正影响，新生代农民工参加社会保障数量每增加一个，其有市民化意愿的可能性提高 6.3%。

通过对老一代农民工和新生代农民工市民化意愿的影响因素进行比较，发现老一代农民工和新生代农民工市民化意愿的影响因素呈现出相似性和差异性。相似性体现为老一代农民工和新生代农民工市民化意愿均受到人力资本、社会资本、心理资本和制度性因素的影响。其中，人力资本中的受教育年限和城市务工年限、社会资本中的就业途径、心理资本中的城市归属感和身份认同、制度性因素中的社会保障数量对老一代农民工和新生代农民工市民化意愿均有显著影响；差异性体现为月收入、参加社会活动数量和住房性质对老一代农民工和新生代农民工市民化意愿产生不同影响。

个人月收入（对数）对新生代农民工市民化意愿有显著影响，但对老一代农民工市民化意愿无显著影响。对此可能的解释为，新生代农民工由于年龄较轻，工作经验相对不足，收入相对较低，在经济层面融入城市的可能性较低，不利于他们市民化意愿的提升。反之，随着新生代农民工收入的提高，他们在经济层面融入城市的可能性随之提高，市民化意愿也会得到强化。因此，月收入对新生代农民工市民化意愿有显著影响。对于老一代农民工而言，一方面，他们个人月收入水平高于新生代农民工；另一方面，老一代农民工大多数婚姻状况为已婚，他们的家庭月收入水平也高于新生代农民工，总体上老一代农民工相对更高的家庭月收入也能够使其在经济层面融入城市并实现市民化。因此，个人月收入对老一代农民工市民化意愿无显著影响。

参加社会活动数量对新生代农民工市民化意愿有显著影响，但对老一代农民工市民化意愿无显著影响。对此可能的解释为，新生代农民工劳动时间相对较短，休息时间相对充足，在业余生活中参加社会活动的数量越多，其融入城市社会的程度越高，市民化意愿也由此得到提升。相比之下，参加社会活动的数量对老一代农民工市民化意愿带来负向影响，但不具有统计上的显著性。对此可能的解释为，老一代农民工由于劳动时间相对较长，休息时间相对较短，参加过多的社会活动则会占据其休息的时间，反而降低了其市民化意愿。但老一代农民工参加社会活动的数量较少，社会参与程度较低，因此未对其市民化意愿带来显著影响。

住房性质对老一代农民工市民化意愿有显著影响，但对新生代农民工市民化意愿无显著影响。对此可能的解释为，随着年龄的增长，老一代农民工身体健康状况和技能水平都降低，人力资本处于劣势地位，面临着留在城市或者返回家乡的抉择。一方面，他们虽然进城务工多年赚取了相较于务农更高的收入，但住房支付能力仍然不足，如果他们能够享有保障性住房，居住条件得到改善，他们的市民化意愿会由此得到强化。另一方面，老一代农民工在老家的土地可为其年老返乡后提供一定的生活保障，如果他们在城市未能享有保障性住房，他们的返乡意愿则会得到强化。因此，住房性质对老一代农民工市民化意愿有显著影响。相比之下，新生代农民工年龄较轻，工作经验、技能水平等人力资本能够得到不断积累，对于实现市民化有较强的信心，因而住房性质对其市民化意愿无显著影响。

二　农民工市民化能力影响因素的代际差异

（一）老一代农民工和新生代农民工市民化能力

就市民化能力而言，老一代农民工市民化能力更强。具体而言，老一代农民工有市民化能力的占52.7%，新生代农民工有市民化能力的占46.0%，前者高于后者6.7个百分点，见图6.11。

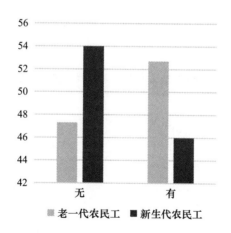

图6.11　两代农民工市民化能力（%）

资料来源：原国家卫生和计划生育委员会2013年流动人口动态监测调查。

（二）农民工市民化能力影响因素的代际差异

表6.14报告了农民工市民化能力影响因素的模型结果。模型1

表明，个体特征、人力资本、社会资本和流动特征均对老一代农民工市民化能力有显著影响。个体特征方面，性别对老一代农民工市民化能力有显著影响，以女性老一代农民工为参照，男性老一代农民工有市民化能力的可能性为前者的 3.078 倍。人力资本方面，受教育年限和外出务工年限对老一代农民工市民化能力有显著影响，但是否接受职业技能培训对老一代农民工市民化能力无显著影响。受教育年限对老一代农民工市民化能力有显著正影响，老一代农民工受教育年限每增加一年，其有市民化能力的可能性提高 12.7%。外出务工年限对老一代农民工市民化能力有显著正影响，老一代农民工外出务工年限每增加一年，其有市民化能力的可能性提高 1.7%。社会资本方面，就业途径对老一代农民工市民化能力有显著影响，以就业时未使用社会网络的老一代农民工为参照，就业时使用社会网络的老一代农民工有市民化能力的可能性仅为前者的 86.1%。流动特征方面，流动范围对老一代农民工市民化能力有显著影响，以省内流动的老一代农民工为参照，跨省流动的老一代农民工有市民化能力的可能性仅为前者的 78.7%。

表 6.14　　农民工市民化能力影响因素的代际差异模型结果

	模型 1（老一代农民工）		模型 2（新生代农民工）	
	B	Exp（B）	B	Exp（B）
性别（女性 = 参照）男性	1.124	3.078 ***	1.115	3.049 ***
受教育年限	0.119	1.127 ***	0.101	1.106 ***
职业技能培训	0.069	1.072	0.061	1.063
外出务工年限	0.017	1.017 ***	0.099	1.104 ***
就业途径（未使用社会网络 = 参照）使用社会网络	−0.150	0.861 ***	−0.207	0.813 ***
流动范围（省内流动 = 参照）跨省流动	−0.239	0.787 ***	−0.152	0.859 ***
常量	−1.637	0.195 ***	−2.233	0.107 ***

续表

	模型 1 (老一代农民工)		模型 2 (新生代农民工)	
	B	Exp（B）	B	Exp（B）
Cox & Snell R^2	0.106		0.114	
Nagelkerke R^2	0.142		0.152	

注：＊＊＊、＊＊和＊分别表示在 1%、5% 和 10% 的水平上显著。

模型 2 表明，个体特征、人力资本、社会资本和流动特征均对新生代农民工市民化能力有显著影响。个体特征方面，性别对新生代农民工市民化能力有显著影响，以女性新生代农民工为参照，男性新生代农民工有市民化能力的可能性为女性新生代农民工的 3.049 倍。人力资本方面，受教育年限和外出务工年限对新生代农民工市民化能力有显著影响，但是否接受职业技能培训对新生代农民工市民化能力无显著影响。受教育年限对新生代农民工市民化能力有显著正影响，新生代农民工受教育年限每增加一年，其有市民化能力的可能性提高 10.6%。外出务工年限对新生代农民工市民化能力有显著正影响，新生代农民工外出务工年限每增加一年，其有市民化能力的可能性提高 10.4%。社会资本方面，就业途径对新生代农民工市民化能力有显著影响，以就业时未使用社会网络的新生代农民工为参照，就业时使用社会网络的新生代农民工有市民化能力的可能性仅为前者的 81.3%。流动特征方面，流动范围对新生代农民工市民化能力有显著影响，以省内流动的新生代农民工为参照，跨省流动的新生代农民工有市民化能力的可能性仅为前者的 85.9%。

从个体特征、人力资本、社会资本和流动特征四个维度对老一代农民工和新生代农民工市民化能力的影响因素进行比较，发现老一代农民工和新生代农民工市民化能力的影响因素呈现出高度相似性，即新老两代农民工市民化能力均受到个体特征（性别）、人力资本（受教育年限和外出务工年限）、社会资本（就业途径）和流动特征（流动范围）的影响。新老两代农民工在市民化能力的影响因素上未呈现出代际差异性。

第四节　本章小结

本章对新生代农民工和老一代农民工基本特征、市民化状况和市民化影响因素进行比较分析，主要结论如下：

第一，新生代农民工和老一代农民工基本特征的相似性和差异性：就性别而言，新生代农民工和老一代农民工在性别构成上均以男性为主，但新生代农民工性别比低于老一代农民工，新生代农民工性别构成较为均衡。就年龄而言，新生代农民工平均年龄约比老一代农民工年轻15.16岁，且新生代农民工群体内部年龄差异小于老一代农民工。就教育程度而言，新生代农民工和老一代农民工教育程度构成均以初中为主，但新生代农民工高中及以上教育程度的比例高于老一代农民工，因此，新生代农民工教育程度相对较高。就婚姻状况而言，新生代农民工和老一代农民工婚姻状况均以已婚为主，但新生代农民工未婚的比例高于老一代农民工。就流动范围而言，新生代农民工和老一代农民工流动范围均呈现出跨省流动、省内跨市流动和市内跨县流动比例依次降低的特征。

第二，新生代农民工和老一代农民工市民化状况的相似性和差异性：经济活动层面，就行业分布而言，新生代农民工和老一代农民工就业行业均主要集中在第二产业中的制造业和第三产业中的批发零售、住宿餐饮和社会服务业，但新生代农民工从事具有高人力资本含量行业（金融/保险/房地产、教育、文化及广播电视以及科研和技术服务领域）的比例更高；就劳动时间而言，老一代农民工平均劳动时间更长、超时劳动的比例更高；就劳动合同签订状况而言，新生代农民工签订劳动合同的比例更高；就月收入而言，老一代农民工个人月收入和家庭月收入更高，且老一代农民工群体内部的收入差异更大；就消费情况而言，老一代农民工家庭月支出、月食品支出和月房租支出更高，且老一代农民工群体内部的消费水平差异更大。

基本公共服务层面，就住房性质而言，租住私房是新生代农民工和老一代农民工解决住房问题的主要渠道，但老一代农民工已购商品房的比例略高于新生代农民工；就居住环境而言，新生代农民工和老一代农民工均主要居住在农村社区、城乡接合部和未经改造的老城区，但新生代农民工居住在别墅区或商品房社区的比例相对高于老一代农民工，新生代农民工更加追求舒适的居住环境；就社会保障状况而言，新生代农民工参加城镇各项社会保险的比例高于老一代农民工，新生代农民工社会保障状况更好；就职业技能培训状况而言，新生代农民工和老一代农民工接受职业技能培训的比例均较低，但新生代农民工接受职业技能培训的比例略高于老一代农民工。

社会融入层面，就社会组织参与情况而言，老乡会和工会是老一代农民工和新生代农民工参与频次最高的两个社会组织。此外，老一代农民工参加志愿者协会和家乡商会组织的比例更高，而新生代农民工参加流动党（团）支部、本地党（团）支部和同学会的比例更高。就社会活动参与情况而言，社区文体活动和社会公益活动是新生代农民工和老一代农民工参加频次最高的两个社会活动。另外，老一代农民工参加选举活动、业主委员会活动和居委会管理活动的比例更高。就交往对象而言，新生代农民工和老一代农民工交往对象均以一起出来打工的亲戚、一起出来打工的同乡和其他一起打工的朋友为主，而新生代农民工交往对象为本地同学的比例更高。就困难求助对象而言，新生代农民工和老一代农民工困难求助对象均以一起出来打工的亲戚、一起出来打工的同乡和其他一起打工的朋友为主，但新生代农民工困难求助对象为其他一起打工的朋友的比例更高，而老一代农民工困难求助对象为一起出来打工的亲戚和一起出来打工的朋友的比例更高。就城市归属感而言，新生代农民工和老一代农民工城市归属感均较为强烈，但老一代农民工城市归属感相对更强。就身份认同而言，新生代农民工和老一代农民工在身份认同上均以认为自己属于流出地（老家人）居多，但老一代农民工身份认同状况相对好于新生代农民工；就新生代农民工和老一代农民工就业途径而言，两代农民工就业途径均以家人/亲戚、同乡/朋友/同学、自主创业和自己找到为主，但老一代农民工自主创业和自己找到工作的比例更高，而新生代农民工依靠家人/亲戚和同乡/朋友/同学的比例更高。

第三，新生代农民工和老一代农民工市民化影响因素的相似性和差异性：就市民化意愿而言，新生代农民工和老一代农民工有市民化意愿的均超过半数，但新生代农民工市民化意愿略强于老一代农民工。就市民化意愿的影响因素而言，新生代农民工和老一代农民工市民化意愿的影响因素呈现出相似性和差异性。相似性体现为老一代农民工和新生代农民工市民化意愿均受到人力资本（受教育年限和城市务工年限）、社会资本（就业途径）、心理资本（城市归属感和身份认同）和制度性因素（社会保障数量）的影响。差异性体现为月收入（对数）对新生代农民工市民化意愿有显著影响，但对老一代农民工市民化意愿无显著影响。参加社会活动数量对新生代农民工市民化意愿有显著影响，但对老一代农民工市民化意愿无显著影响。住房性质对老一代农民工市民化意愿有显著影响，但对新生代农民工市民化意愿无显著影响。

就市民化能力而言，老一代农民工超过半数具备市民化能力，而新生代农民工具备市民化能力的未超过半数，老一代农民工市民化能力强于新生代农民工。就市民化能力的影响因素而言，新生代农民工和老一代农民工市民化能力的影响因素并未呈现出代际差异，而是呈现出高度相似性，新生代农民工和老一代农民工市民化能力均受到个体特征（性别）、人力资本（受教育年限和外出务工年限）、社会资本（就业途径）和流动特征（流动范围）的影响。

第七章 就业方式分化与
农民工市民化

在本研究中，按照就业方式，即劳动者在劳动力市场中的地位或状态，将农民工划分为自雇就业农民工和受雇就业农民工。自雇就业农民工是指为自己工作并获取劳动报酬的农民工，包括雇主、自营劳动者和家庭帮工；受雇就业农民工指为领取劳动报酬而为某一单位或雇主工作的农民工，即雇员。据此次调查，受雇就业农民工8553人，占64.1%；自雇就业农民工4784人，占35.9%。本章安排如下：首先，对农民工就业方式选择及影响因素进行分析，考察人力资本、社会资本和个体特征对农民工就业方式选择的影响。其次，对自雇就业与受雇就业农民工的基本特征进行比较分析。再次，从经济活动、基本公共服务和社会融入三个维度对自雇就业与受雇就业农民工的市民化状况进行比较分析。最后，对自雇就业与受雇就业农民工市民化影响因素进行比较分析。

第一节 农民工就业方式选择及影响因素分析

一 文献回顾

已有研究认为，人力资本和社会资本被认为是移民自雇就业选择的重要决定因素。（1）人力资本与移民自雇就业选择。Borjas 和 Bronars（1989）发现，受教育程度较高的劳动者更倾向于选择自雇就业。此外，妻子受教育程度较高的男性，选择自雇就业的概率也更大。[1] Meng（2001）的研究也支持这一结论，具有较高人力资本的个体更倾向于进入非正规部门自雇就业。农民工在城市务工年限越长，越有可能选择从非正规部门工资获得者进入正规部门，然后进入非正规部门自雇就业，这意味着对于乡城迁移者而言非正规部门受雇就业仅仅是作为一种临时短暂的就业机会，然而自雇就业吸引较高人力资本的个体，并且对于迁移者而言是一种长期就业机会。[2] Mohapatra 等人（2007）也发现，教育及其他人力资本是影响人们进入自雇就业的决定因素。[3] 然而，Lin 等人（2000）却发现，除小学以外，教育对进入自雇就业影响不显著。[4] 叶静怡和王琼（2013）的研究发现，受教育年数对农民工自雇就业无显著影响，接受职业技术培训降低农民工自雇就业的可能性，外出打工年数对农民工自雇就业选择呈倒 U 形影响。[5]（2）社会资本与移民自雇就业选择。社会资本能够降低自雇就业的不确定性，并且能够提高自雇就业的预期回报。[6] Sanders 和 Nee（1996）认为，家庭可被视为一种责任网络，这种网络代表移民迁移前所进行的社会、经济和文化投资，移民在适应的过程中可以利用并继续进行投资。已婚且与配偶同住提高了移民自我雇佣的可能性，这是因为以责任和信任为基础的家庭社会资本鼓励夫妻追求共同目标。[7] Allen（2000）发现，个体自雇就业的选择在很大程度上受社

① Borjas G. J., Bronars S. G., "Consumer Discrimination and Self-Employment", *Journal of Political Economy*, Vol. 97, No. 3, 1989, pp. 581 – 605.

② Meng X., "The Informal Sector and Rural-Urban Migration—A Chinese Case Study", *Asian Economic Journal*, Vol. 15, No. 1, 2001, pp. 71 – 89.

③ Mohapatra S., Rozelle S., Goodhue R., "The Rise of Self-Employment in Rural China: Development or Distress?", *World Development*, Vol. 35, No. 1, 2007, pp. 163 – 181.

④ Lin Z., Picot G., Compton J., "The Entry and Exit Dynamics of Self-Employment in Canada", *Small Business Economics*, Vol. 15, 2000, pp. 105 – 125.

⑤ 叶静怡、王琼：《农民工的自雇佣选择及其收入》，《财经研究》2013 年第 39 卷第 1 期。

⑥ Blumberg B. F., Pfann G. A., *Social Capital and the Uncertainty Reduction of Self-Employment*, IZA Discussion Paper No. 303, 2001.

⑦ Sanders J. M., Nee V., "Immigrant Self-Employment: The Family as Social Capital and the Value of Human Capital", *American Sociological Review*, Vol. 61, No. 2, 1996, pp. 231 – 249.

会网络规模和构成的影响。[1] Carroll 和 Mosakowski（1987）发现，社会结构因素，尤其是与家庭和以往自雇就业经历对于自雇就业有很强的作用。[2] Mohapatra 等人（2007）发现，已婚者更倾向于选择自我雇佣。[3] 此外，由于迁移具有一定的选择性，因此影响迁移决策的个体特征也与就业类型的选择相关。[4] 相关研究发现，性别、年龄、流入地区等也是影响移民自雇就业选择的重要因素。Borjas 和 Bronars（1989）发现，年龄较大的劳动者更倾向于选择自雇就业。[5] Lin 等人（2000）发现，年龄较轻（15—34 岁）的劳动力更有可能选择自雇就业。相较于男性，女性选择自雇就业的可能性更低。[6]

二　变量选择

被解释变量为就业方式，通过题项"您现在的就业身份属于哪一种"进行考察，原答项包括雇员、雇主、自营劳动者和家庭帮工四类。将雇员定义为"受雇就业"，赋值为 0；将雇主、自营劳动者和家庭帮工合并为"自雇就业"，赋值为 1。

解释变量包括人力资本、社会资本和控制变量。人力资本变量包括受教育程度、职业技能培训、工作经验和健康状况。受教育程度，是将农民工受教育程度转换为实际受教育年限。职业技能培训通过题项"近三年中，您在本地接受过政府提供的免费培训吗"进行考察，未接受赋值为 0，接受赋值为 1。工作经验用调查年份 2013 年与农民工首次外出

---

① Allen W. D. , "Social Networks and Self-employment", *The Journal of Socio-Economics*, Vol. 29, 2000, pp. 487 – 501.

② Carroll G. R. , Mosakowski E. , "The Career Dynamics of Self-Employment", *Administrative Science Quarterly*, Vol. 32, No. 4, 1987, pp. 570 – 589.

③ Mohapatra S. , Rozelle S. , Goodhue R. , "The Rise of Self-Employment in Rural China: Development or Distress?", *World Development*, Vol. 35, No. 1, 2007, pp. 163 – 181.

④ Giulietti C. , Ning G. , Zimmermann K. F. , *Self-employment of Rural-to-Urban Migrants in China*, IZA Discussion Paper No. 5805, 2011.

⑤ Borjas G. J. , Bronars S. G. , "Consumer Discrimination and Self-Employment", *Journal of Political Economy*, Vol. 97, No. 3, 1989, pp. 581 – 605.

⑥ Lin Z. , Picot G. , Compton J. , "The Entry and Exit Dynamics of Self-Employment in Canada", *Small Business Economics*, Vol. 15, 2000, pp. 105 – 125.

年份相减得到。健康状况通过题项"最近一年您本人是否有患病（负伤）或身体不适的情况"进行考察，将原答项"是，最近一次发生在两周内"和"是，最近一次发生在两周前"合并为"一般"，赋值为0；将"否"定义为"健康"，赋值为1。社会资本变量包括婚姻状况，将未婚、离婚和丧偶合并为"无配偶"，赋值为0；将初婚和再婚合并为"有配偶"，赋值为1。控制变量包括性别、年龄和流入地区。性别，女性赋值为0，男性赋值为1。年龄，将农民工的出生年月转换成实际年龄（周岁）。流入地区，将上海市松江区，江苏省苏州市、无锡市和福建省泉州市合并为"东部地区"，赋值为1；将湖北省武汉市和湖南省长沙市合并为"中部地区"，赋值为2；将陕西省西安市和咸阳市合并为"西部地区"，赋值为3。变量定义及描述性统计见表7.1。

表7.1　　　　　　　　　　**变量定义及描述性统计**

变量	定义	自雇就业（N=4766）	受雇就业（N=8519）
性别	女性=0；男性=1	0.58（0.49）	0.54（0.50）
年龄	周岁	35.26（8.04）	30.90（8.98）
婚姻状况	无配偶=0；有配偶=1	0.92（0.27）	0.70（0.46）
受教育程度	实际受教育年限	9.48（2.26）	9.83（2.57）
技能培训	未接受=0；接受=1	0.12（0.33）	0.13（0.34）
工作经验	外出务工年限	10.20（6.49）	7.82（5.96）
健康状况	一般=0；健康=1	0.89（0.31）	0.88（0.33）
地区	东部=1；中部=2；西部=3	1.88（0.76）	1.42（0.73）

资料来源：原国家卫生和计划生育委员会2013年流动人口动态监测调查。

注：括号内为标准差。

三　实证分析

本研究将就业方式（自雇就业或受雇就业）视为农民工基于自身人力资本和社会资本禀赋作出的理性选择，同时考虑自雇就业和受雇就业发生的概率。因此，本研究运用Probit回归模型对农民工就业方式选择的影响因素进行实证分析。表7.2报告了农民工就业方式选择的Probit回归结果，结果表明人力资本、社会资本和控制变量是影响农民工就业方式选择的重要因素。

人力资本方面，受教育年限越长的农民工选择自雇就业的可能性越小。农民工受教育年限越长，人力资本存量越高，在城市顺利就业的可能性越大，因而选择自雇就业的可能性越小。相较于未接受职业技能培训的农民工，接受职业技能培训的农民工选择自雇就业的可能性更小。对此可能的解释为，接受过职业技能培训的高技能劳动者会被稳定工资的工作所吸引①而选择受雇就业，从而降低其选择自雇就业的可能性。外出务工年限越长的农民工选择自雇就业的可能性越大。外出务工年限越长，农民工的工作经验及与进入自雇就业相关的资本越丰富，因而选择自雇就业的可能性越大。健康状况方面，相较于健康状况一般的农民工，健康状况较好的农民工选择自雇就业的可能性更大。由于自雇就业农民工收入具有不确定性，他们往往需要投入更多的时间和精力，因此健康状况对于农民工选择自雇就业具有重要影响，健康状况较好的农民工选择自雇就业的可能性更大。

社会资本方面，相较于无配偶的农民工，有配偶的农民工选择自雇就业的可能性更大。这表明，以婚姻状况（有无配偶）为代表的家庭社会资本为农民工进入自雇就业提供了支持。个体特征方面，相较于女性农民工，男性农民工选择自雇就业的可能性更大。就家庭内部劳动分工而言，女性更多的是被赋予照顾家庭的责任，而男性主要是被赋予赚钱养家的责任，因此男性农民工选择自雇就业的可能性更大。农民工自雇就业的概率与年龄呈倒 U 形关系。随着年龄的增长，农民工所积累起的经验越多，选择自雇就业的可能性越大。但到了一定年龄后，受身体健康状况的制约，农民工选择自雇就业的可能性下降。相较于东部地区的农民工，中部地区和西部地区的农民工选择自雇就业的可能性更大，这与石丹淅和吴克明（2015）②的研究结论相

① 宁光杰：《自我雇佣还是成为工资获得者？——中国农村外出劳动力的就业选择和收入差异》，《管理世界》2012 年第 7 期。

② 石丹淅、吴克明：《教育促进劳动者自我雇佣了吗？——基于 CHIP 数据的经验分析》，《中南财经政法大学学报》2015 年第 3 期。

一致。就经济发展水平而言，中部地区和西部地区没有东部地区发达，农民工进入自雇就业的成本、门槛较低，因此中部地区和西部地区农民工选择自雇就业的可能性更大。

表7.2　农民工就业方式选择的 Probit 回归结果（自雇就业 =1）

	Coef.	Std. Err
受教育年限	− 0. 0348 ***	0. 0054
职业技能培训（接受）	− 0. 2828 ***	0. 0373
外出务工年限	0. 0187 ***	0. 0023
健康状况（健康）	0. 1064 **	0. 0380
婚姻状况（有配偶）	0. 6570 ***	0. 0429
性别（男性）	0. 0848 ***	0. 0251
年龄	0. 0947 ***	0. 0120
年龄二次项	− 0. 0012 ***	0. 0002
地区（中部）	1. 2390 ***	0. 0305
地区（西部）	0. 8901 ***	0. 0329
常数项	− 3. 0307 ***	0. 2012
观测数量	13285	

注：＊＊＊、＊＊和＊分别表示系数在1%、5%和10%的水平上显著。

第二节　自雇就业与受雇就业农民工基本特征

一　性别构成

就性别构成而言，受雇就业农民工中男性占 54.4%，女性占 45.6%；自雇就业农民工中男性占 58.1%，女性占 41.9%。受雇就业和自雇就业农民工在性别构成上均呈现出男性比例高于女性比例的特征，但受雇就业农民工中男性和女性占比的差值（8.8 个百分点）小于自雇就业农民工（16.2 个百分点）。此外，自雇就业农民工中男性的比例高出受雇就业农民工 3.7 个百分点；相应地，自雇就业农民工中女性的比例则低于受雇就业农民工 3.7 个百分点。这表明，相较于女性，男性农民工更有可能成为自雇就业者，见表7.3。

表7.3　　　　　**受雇就业与自雇就业农民工性别构成（%）**

	受雇就业农民工	自雇就业农民工
男性	54.4	58.1
女性	45.6	41.9
总计	100.0	100.0

资料来源：原国家卫生和计划生育委员会2013年流动人口动态监测调查。

二　年龄构成

就年龄构成而言，受雇就业农民工年龄主要集中在25—34岁（36.9%）、15—24岁（29.7%）和35—44岁（25.1%）三个年龄组；而自雇就业农民工年龄则主要集中在35—44岁（40.5%）和25—34岁（37.5%）两个年龄组，见图7.1。

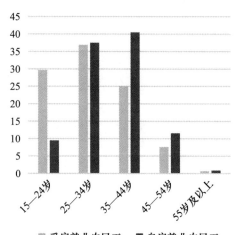

图7.1　受雇就业与自雇就业农民工年龄构成（%）
资料来源：原国家卫生和计划生育委员会2013年流动人口动态监测调查。

就平均年龄而言，受雇就业农民工平均年龄为30.87岁（标准差为8.99岁），自雇就业农民工平均年龄为35.21岁（标准差为8.07岁），受雇就业农民工平均比自雇就业农民工年轻4.34岁。自雇就业农民工平均年龄更大，但受雇就业农民工群体内部年龄差异更大。

三　教育程度

就教育程度而言，受雇就业和自雇就业农民工教育程度均以初中为主，但自雇就业农民工受教育程度为初中的比例高出受雇就业农民工7.2个百分点。就高中受教育程度而言，受雇就业农民工和自雇就业农民工分别占17.5%和18.0%，自雇就业农民工受教育程度为高中的比例略高于受雇就业农民工。值得注意的是，受雇就业农民工受教育程度为中专、大学专科、大学本科的比例分别高出自雇就业农民工4、2.9和1个百分点。就平均受教育年限而言，受雇就业农民工平均受教育年限为9.83年（标准差为2.57年），自雇就业农民工平均受教育年限为9.48年（标准差为2.26年）。总体而言，受雇就业农民工教育程度相对高于自雇就业农民工，见表7.4。

表7.4　　　　受雇就业与自雇就业农民工教育程度（%）

	受雇就业农民工	自雇就业农民工
未上过学	1.1	1.0
小学	11.1	11.5
初中	54.1	61.3
高中	17.5	18.0
中专	8.4	4.4
大学专科	6.2	3.3
大学本科	1.6	0.6
研究生	0.0	0.0
总计	100.0	100.0
平均受教育年限（年）	9.83（2.57）	9.48（2.26）

资料来源：原国家卫生和计划生育委员会2013年流动人口动态监测调查。

注：括号内为标准差。

四　婚姻状况

就婚姻状况而言，受雇就业和自雇就业农民工婚姻状况均以已婚（初婚和再婚）为主，受雇就业农民工中已婚的占 70.0%，而自雇就业农民工中已婚的占 91.8%，二者相差 21.8 个百分点。然而，受雇就业农民工中未婚的占 28.9%，而自雇就业农民工中未婚的仅占 7.1%，二者相差 21.8 个百分点。总体而言，自雇就业农民工已婚的比例相对高于受雇就业农民工，而受雇就业农民工未婚的比例则相对高于自雇就业农民工，见表 7.5。

表 7.5　　　　　受雇就业与自雇就业农民工婚姻状况（%）

	受雇就业农民工	自雇就业农民工
未婚	28.9	7.1
初婚	69.3	90.9
再婚	0.7	0.9
离婚	0.9	0.9
丧偶	0.3	0.2
总计	100.0	100.0

资料来源：原国家卫生和计划生育委员会 2013 年流动人口动态监测调查。

五　流动范围

就流动范围而言，受雇就业农民工跨省流动、省内跨市流动和市内跨县流动的比例分别为 64.6%、28.3% 和 7.1%，自雇就业农民工跨省流动、省内跨市流动和市内跨县流动的比例分别为 43.6%、44.5% 和 11.9%。受雇就业农民工以跨省流动为主，而自雇就业农民工以省内跨市流动和跨省流动为主，见图 7.2。

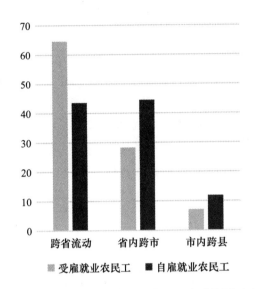

图7.2　受雇就业与自雇就业农民工流动范围（％）
资料来源：原国家卫生和计划生育委员会2013年流动人口动态监测调查。

第三节　自雇就业与受雇就业农民工
市民化状况

一　经济活动层面的市民化状况

（一）就业情况

在就业行业分布方面，受雇就业农民工主要集中在第二产业，而自雇就业农民工则主要集中在第三产业，这与国家统计局2013年农民工监测调查的结果相一致。具体而言，受雇就业农民工从事第二产业的占65.6％，其中从事制造业的占比达到57.5％；自雇就业农民工从事第三产业的占89.8％，其中从事批发零售业的占41.0％，从事住宿餐饮业的占19.2％，从事社会服务业的占13.9％，见表7.6，这表明第三产业为农民工自雇就业提供了较多的机会。

表7.6　　　　　受雇就业与自雇就业农民工行业分布（％）

		受雇就业农民工	自雇就业农民工
第二产业	制造业	57.5	4.6
	采掘业	0.5	0.1
	建筑	6.9	5.2
	电煤水生产供应	0.7	0.4
第三产业	批发零售	4.8	41.0
	住宿餐饮	9.1	19.2
	社会服务	9.2	13.9
	金融/保险/房地产	1.1	0.1
	交通运输、仓储通信	3.3	3.9
	卫生、体育和社会福利	0.5	0.4
	教育、文化及广播电影电视	0.8	0.3
	科研和技术服务	1.1	0.4
	党政机关和社会团体	0.3	0.0
	其他	4.3	10.6
	总计	100.0	100.0

资料来源：原国家卫生和计划生育委员会2013年流动人口动态监测调查。

就单位性质而言，受雇就业农民工中超过半数就业于私营企业，占比为56.5％；单位性质为个体工商户的占14.2％；就业于港澳台企业和中外合资企业的分别占7.2％和7.7％。相比之下，自雇就业农民工绝大多数是个体工商户，占比达到81.8％；有10.9％的自雇就业农民工是无营业执照的自营劳动者、个体劳动者等（无单位）；有6.4％的自雇就业农民工单位性质为私营企业，见表7.7。

表7.7　　　　　受雇就业与自雇就业农民工单位性质（％）

	受雇就业农民工	自雇就业农民工
土地承包者	0.5	0.0
机关、事业单位	1.5	0.0

	受雇就业农民工	自雇就业农民工
国有及国有控股企业	2.8	0.0
集体企业	4.2	0.0
个体工商户	14.2	81.8
私营企业	56.5	6.4
港澳台企业	7.2	0.0
日/韩企业	2.0	0.0
欧美企业	1.1	0.0
中外合资企业	7.7	0.0
其他	0.5	0.9
无单位	1.9	10.9
总计	100.0	100.0

资料来源：原国家卫生和计划生育委员会2013年流动人口动态监测调查。

在劳动时间方面，就平均劳动时间而言，受雇就业农民工平均每周工作6.09天（标准差为0.75天）、平均每天工作9.27小时（标准差为1.62小时）、平均每周工作56.75小时（标准差为13.59小时），自雇就业农民工平均每周工作6.65天（标准差为0.71天）、平均每天工作10.14小时（标准差为2.15小时）、平均每周工作67.89小时（标准差为17.54小时），见表7.8。这表明，相较于受雇就业农民工，自雇就业农民工平均劳动时间更长。

表7.8　　　　　　　**受雇就业与自雇就业农民工劳动时间**

	受雇就业农民工	自雇就业农民工
平均每周工作天数	6.09 (0.75)	6.65 (0.71)
平均每天工作时数	9.27 (1.62)	10.14 (2.15)
平均每周工作时数	56.75 (13.59)	67.89 (17.54)
平均每天工作超过8小时（%）	50.6	74.0

续表

	受雇就业农民工	自雇就业农民工
平均每周工作超过 44 小时（%）	82.5	91.3

资料来源：原国家卫生和计划生育委员会 2013 年流动人口动态监测调查。

注：括号内为标准差。

就是否超时劳动而言，受雇就业农民工平均每天工作超过 8 小时和平均每周工作超过 44 小时的分别占 50.6% 和 82.5%，而自雇就业农民工平均每天工作超过 8 小时和平均每周工作超过 44 小时的分别占 74.0% 和 91.3%，见表 7.8。相较于受雇就业农民工，自雇就业农民工超时劳动的比例更高，这验证了 Parker 等人（2004）提出的自雇者"自我保障"（the self-employed 'self-insuring'）的观点①，自雇就业农民工需要付出更长的劳动时间以应对收入的不确定性，因此自雇就业农民工超时劳动的比例更高。

（二）收入情况

就农民工个人月收入而言，受雇就业农民工个人平均月收入为 2984.54 元（标准差为 1474.81 元），自雇就业农民工个人平均月收入为 4105.95 元（标准差为 2942.70 元），自雇就业农民工个人月平均收入约为受雇就业农民工的 1.38 倍。就农民工家庭月平均收入而言，受雇就业农民工家庭每月平均收入为 5097.54 元（标准差为 3546.37 元），自雇就业农民工家庭平均每月收入为 7133.86 元（标准差为 6432.79 元），二者相差 2036.32 元，见图 7.3。相较于受雇就业农民工，自雇就业农民工个人月收入和家庭月收入都更高，且其群体内部收入差异也更大。

就工资率而言，受雇就业农民工工资率为 13.87 元/小时（标准差为 7.89 元/小时），自雇就业农民工工资率为 16.57 元/小时（标准差 16.40 元/小时），自雇就业农民工小时工资高出受雇就业农民工

---

① Parker S. C., Belghitar Y., Barmby T., "Wage Uncertainty and the Labour Supply of Self-Employed Workers", *The Economic Journal*, 2005, 115: C190 – C207.

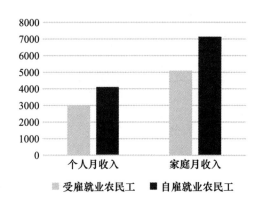

图 7.3　受雇就业与自雇就业农民工月收入情况（元）

资料来源：原国家卫生和计划生育委员会 2013 年流动人口动态监测调查。

2.7 元。因此，相较于受雇就业农民工，自雇就业农民工工资率更高，且其群体内部工资率差异也更大。

（三）消费情况

就农民工家庭消费情况而言，自雇就业农民工家庭消费水平更高。家庭每月总支出方面，受雇就业农民工家庭月平均支出 2096.99 元（标准差为 1326.57 元），自雇就业农民工家庭月平均支出 3376.15 元（标准差为 2221.30 元），二者相差 1279.16 元。家庭每月食品支出方面，受雇就业农民工家庭每月食品支出为 949.48 元（标准差为 611.59 元），自雇就业农民工家庭每月食品支出为 1186.88 元（标准差为 761.57 元），二者相差 237.40 元。家庭每月房租支出方面，受雇就业农民工家庭平均每月房租支出为 355.69 元（标准差为 424.61 元），自雇就业农民工家庭平均每月房租支出为 973.09 元（标准差为 945.11 元），自雇就业农民工家庭平均每月房租支出约为受雇就业农民工家庭的 2.74 倍，见图 7.4。相较于受雇就业农民工，自雇就业农民工家庭每月总支出、每月食品支出和每月房租支出都更高，这可能是由于自雇就业农民工收入更高、经济实力更强，因而其家庭消费水平更高，生活质量也更好。

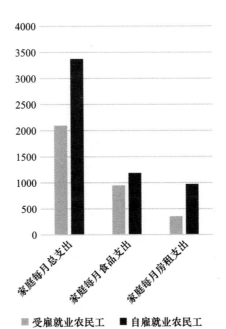

图7.4　受雇就业与自雇就业农民工消费情况（元）

资料来源：原国家卫生和计划生育委员会2013年流动人口动态监测调查。

二　基本公共服务层面的市民化状况

（一）居住状况

就住房性质而言，受雇就业农民工住房性质以租住私房、单位/雇主提供免费房和租住单位/雇主房为主，分别占59.6%、17.4%和14.1%。相比之下，自雇就业农民工则以租住私房为主，占比达到80.9%。就已购商品房而言，自雇就业农民工购买商品房的比例为7.3%，高出受雇就业农民工2.7个百分点。保障性住房（政府提供廉租房、政府提供公租房和已购政策性保障房）方面，受雇就业农民工享有保障性住房的比例为0.8%，自雇就业农民工享有保障性住房的比例为0.4%，自雇就业与受雇就业农民工享有保障性住房的比例均极低，见表7.9。

表 7.9　　　受雇就业与自雇就业农民工住房性质（％）

	受雇就业农民工	自雇就业农民工
租住单位/雇主房	14.1	5.1
租住私房	59.6	80.9
政府提供廉租房	0.3	0.1
政府提供公租房	0.4	0.1
单位/雇主提供免费住房	17.4	0.4
已购政策性保障房	0.1	0.2
已购商品房	4.6	7.3
借住房	1.6	0.9
就业场所	1.3	4.4
自建房	0.4	0.4
其他非正规居所	0.2	0.3
总计	100.0	100.0

资料来源：原国家卫生和计划生育委员会 2013 年流动人口动态监测调查。

　　就居住社区而言，受雇就业与自雇就业农民工均集中在农村社区和城乡接合部，但受雇就业农民工居住在农村社区的比例高出自雇就业农民工 19.8 个百分点，而自雇就业农民工居住在城乡接合部的比例则高出受雇就业农民工 7.3 个百分点。值得注意的是，自雇就业农民工居住在未经改造的老城区、城中村或棚户区的比例分别高出受雇就业农民工 10.6 和 6.4 个百分点。同时，自雇就业农民工居住在别墅区或商品房社区和经济适用房社区的比例分别高出受雇就业农民工 1.8 和 0.8 个百分点，见表 7.10。

表 7.10　　　受雇就业与自雇就业农民工居住社区（％）

	受雇就业农民工	自雇就业农民工
别墅区或商品房社区	9.7	11.5
经济适用房社区	3.5	4.3
机关事业单位社区	1.4	1.7

续表

	受雇就业农民工	自雇就业农民工
工矿企业社区	7.9	1.8
未经改造的老城区	6.7	17.3
城中村或棚户区	6.9	13.3
城乡接合部	17.5	24.8
农村社区	44.0	24.2
其他	2.3	1.1
总计	100.0	100.0

资料来源：原国家卫生和计划生育委员会 2013 年流动人口动态监测调查。

（二）社会保障状况

相较于受雇就业农民工，自雇就业农民工参加城镇各项社会保险的比例较低，城镇各项社会保险几乎没有惠及自雇就业农民工。缺乏完善的制度安排，被认为是导致自雇就业（灵活就业）人员基本游离于现行的社会保障体系之外的主要原因。[1] 2011 年 7 月 1 日起施行的《社会保险法》规定，"无雇工的个体工商户、未在用人单位参加基本养老保险的非全日制从业人员以及其他灵活就业人员可以参加基本养老保险，由个人缴纳基本养老保险费；无雇工的个体工商户、未在用人单位参加职工基本医保的非全日制从业人员以及其他灵活就业人员可以参加职工基本医疗保险，由个人按照国家规定缴纳基本医疗保险费"，这标志着社会保险开始对城镇灵活就业劳动者开放，但在实际操作中基本局限于城镇本地户籍灵活就业者。[2] 因此，对于自雇就业的农民工而言，他们基本游离于城镇社会保障体系之外，他们参加城镇各项社会保险的比例与受雇就业农民工相比存在较大差距。就城镇养老保险而言，受雇就业农民工参加城镇养老保险的比例高出自

---

[1]　中国劳动和社会保障部劳动科学研究所课题组：《中国灵活就业基本问题研究》，《经济研究参考》2005 年第 45 期。

[2]　高文书、高梅：《城镇灵活就业农民工社会保险问题研究》，《华中师范大学学报》（人文社会科学版）2015 年第 54 卷第 3 期。

雇就业农民工24.4个百分点。就城镇职工医保而言，受雇就业农民工参加城镇职工医保的比例高出自雇就业农民工29.3个百分点。就工伤保险而言，受雇就业农民工参加工伤保险的比例高出自雇就业农民工33.9个百分点。就失业保险而言，受雇就业农民工参加失业保险的比例高出自雇就业农民工22.8个百分点。就生育保险而言，受雇就业农民工参加生育保险的比例高出自雇就业农民工9.4个百分点。就住房公积金而言，受雇就业农民工参加住房公积金的比例高出自雇就业农民工10.3个百分点，见图7.5。相较于受雇就业农民工，自雇就业农民工参加各项社会保险的比例较低，社会保障状况较差，基本游离于城镇社会保障体系之外。

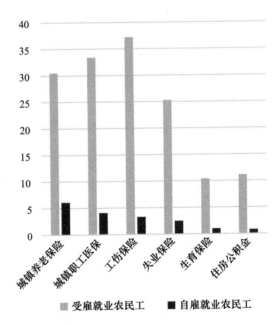

图7.5 受雇就业与自雇就业农民工社会保障状况（%）
资料来源：原国家卫生和计划生育委员会2013年流动人口动态监测调查。

（三）职业技能培训状况

就参加职业技能培训状况而言，受雇就业农民工接受职业技能培训的占 13.4%，自雇就业农民工参加职业技能培训的占 12.1%。总体而言，受雇就业农民工与自雇就业农民工参加职业技能培训的比例均不高，但受雇就业农民工参加职业技能培训的比例略高于自雇就业农民工，二者相差 1.3 个百分点，见表 7.11。

表 7.11　　受雇就业与自雇就业农民工接受技能培训状况（%）

	受雇就业农民工	自雇就业农民工
未接受	86.6	87.9
接受	13.4	12.1
总计	100.0	100.0

资料来源：原国家卫生和计划生育委员会 2013 年流动人口动态监测调查。

三　社会融入层面的市民化状况

（一）社会参与

就社会组织参与情况而言，受雇就业农民工参加社会组织人数最多的依次为工会、老乡会、同学会和志愿者协会，分别占 53.4%、35.5%、18.7% 和 12.0%。相比之下，自雇就业农民工参加社会组织人数最多的依次为老乡会、志愿者协会、同学会和家乡商会组织，分别占 47.2%、29.4%、26.6% 和 11.9%，见图 7.6。

就社会活动参与情况而言，社区文体活动和社会公益活动是受雇就业和自雇就业农民工参加最多的社会活动。但受雇就业农民工参加社区文体活动和社会公益活动的比例分别高出自雇就业农民工 5.7 和 0.8 个百分点。此外，受雇就业农民工参加评优活动的比例为 17.6%，高出自雇就业农民工 9.7 个百分点。相比之下，自雇就业农民工参加选举活动、业主委员会活动和居委会管理活动的比例则高出受雇就业农民工 4.7、1.9 和 13.8 个百分点，见图 7.7。

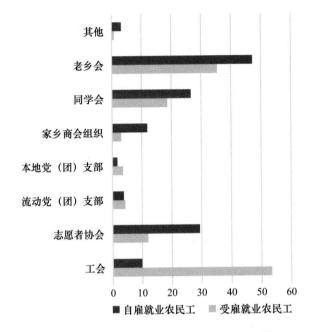

图7.6　受雇就业与自雇就业农民工参加社会组织情况（%）

资料来源：原国家卫生和计划生育委员会2013年流动人口动态监测调查。

注：百分比为个案百分比。

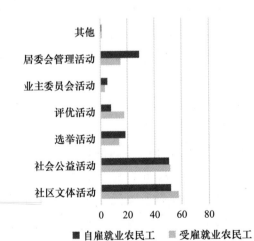

图7.7　受雇就业与自雇就业农民工参加社会活动情况（%）

资料来源：原国家卫生和计划生育委员会2013年流动人口动态监测调查。

注：百分比为个案百分比。

（二）社会交往

就交往对象而言，受雇就业与自雇就业农民工交往对象呈现出一定的相似性，即受雇就业与自雇就业农民工交往对象均以一起出来打工的亲戚、一起出来打工的同乡和其他一起打工的朋友为主。自雇就业农民工交往对象为一起出来打工的亲戚的比例为74.1%，高出受雇就业农民工2.4个百分点。但自雇就业农民工交往对象为一起出来打工的同乡和其他一起打工的朋友的比例则低于受雇就业农民工，分别减少7.5个百分点和17.8个百分点。此外，自雇就业农民工交往对象为本地户籍亲戚的比例为21.8%，高出受雇就业农民工7.2个百分点。受雇就业农民工交往对象为本地户籍同事的比例为25.4%，高出自雇就业农民工9.8个百分点，见表7.12。

表7.12　　　　受雇就业与自雇就业农民工交往对象（%）

	受雇就业农民工	自雇就业农民工
一起出来打工的亲戚	71.7	74.1
一起出来打工的同乡	72.9	65.4
本地户籍亲戚	14.6	21.8
其他一起打工的朋友	71.0	53.2
本地户籍同事	25.4	15.6
政府管理服务人员	2.9	5.5
本地同学	18.2	17.1
跟人来往不多	16.6	18.7
其他人	0.6	0.9

资料来源：原国家卫生和计划生育委员会2013年流动人口动态监测调查。

注：百分比为个案百分比。

就困难求助对象而言，受雇就业与自雇就业农民工困难求助对象均以一起出来打工的亲戚、一起出来打工的同乡和其他一起打工的朋友为主。但自雇就业农民工困难求助对象为一起出来打工的亲戚的比例为73.7%，高出受雇就业农民工1个百分点，而自雇就业农民工困难求助对象为一起出来打工的同乡和其他一起打工的朋友的百分比则分别低于受雇就业农民工9.3个百分点和15.8个百分点。自雇就业农民工困难求助对象为村/居委会、物业人员、房东的比例为27.8%，高出受雇就业农民工8.2个百分点。此外，自雇就业农民工困难求助对象为本地户籍亲戚的比例为21.4%，高出受雇就业农民工7.0个百分点，见表7.13。

表7.13　　　受雇就业与自雇就业农民工困难求助对象（％）

	受雇就业农民工	自雇就业农民工
一起出来打工的亲戚	72.7	73.7
一起出来打工的同乡	65.1	55.8
本地户籍亲戚	14.4	21.4
其他一起打工的朋友	60.6	44.8
本地户籍同事	18.3	11.3
行政执法部门人员	9.9	11.0
本地同学	15.6	13.8
村/居委会、物业人员、房东	19.6	27.8
很少找人	20.5	23.8
其他人	0.8	0.7

资料来源：原国家卫生和计划生育委员会2013年流动人口动态监测调查。

注：百分比为个案百分比。

（三）城市归属感

就城市归属感而言，受雇就业农民工无城市归属感的占11.1%，有城市归属感的占88.9%；自雇就业农民工无城市归属感的占7.8%，有城市归属感的占92.2%，见图7.8。总体而言，自雇就业农民工有城市归属感的比例高于受雇就业农民工，自雇就业农民工城市归属感更强。

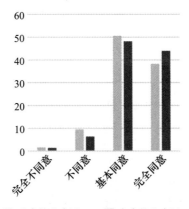

图 7.8　受雇就业与自雇就业农民工城市归属感（％）

资料来源：原国家卫生和计划生育委员会 2013 年流动人口动态监测调查。

（四）身份认同

就身份认同而言，自雇就业农民工认为自己是本地人和新本地人的比例分别高出受雇就业农民工 7.5 和 1.5 个百分点。受雇就业农民工认为自己是流出地（老家）人的比例高出自雇就业农民工 9.8 个百分点。此外，自雇就业农民工不知道自己是哪里人的比例高出受雇就业农民工 0.8 个百分点，见图 7.9。总体而言，自雇就业农民工身份认同状况优于受雇就业农民工。

（五）就业途径

受雇就业农民工就业途径以自己找到、同乡/朋友/同学和家人/亲戚为主，分别占 29.9％、22.1％和 20.7％。相比之下，自雇就业农民工就业途径则以自主创业为主，占比达到 40.0％；其次是自己找到工作，占比为 22.6％；依靠家人/亲戚找到工作的占 19.9％。值得注意的是，受雇就业农民工依靠同乡/朋友/同学就业的比例高出自雇就业农民工 13.7 个百分点，受雇就业农民工依靠社会中介找到工作的比例高出自雇就业农民工 6.4 个百分点，受雇就业农民工依靠本地熟人和外地熟人找到工作的比例分别高出自雇就业农民工 0.8 和 3.9 个百分点，见表 7.14。

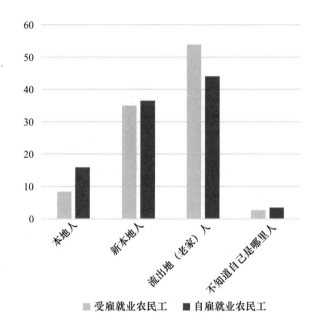

图 7.9　受雇就业与自雇就业农民工身份认同状况（%）

资料来源：原国家卫生和计划生育委员会 2013 年流动人口动态监测调查。

表 7.14　　　　受雇就业与自雇就业农民工就业途径（%）

	受雇就业农民工	自雇就业农民工
政府相关部门	0.4	0.3
社会中介	6.7	0.3
本地熟人	6.4	5.6
外地熟人	5.9	2.0
家人/亲戚	20.7	19.9
同乡/朋友/同学	22.1	8.4
网络	2.0	0.2
传媒广告	0.4	0.0
招聘会	4.8	0.1
自主创业	0.5	40.0
自己找到	29.9	22.6
其他	0.2	0.5
总计	100.0	100.0

资料来源：原国家卫生和计划生育委员会 2013 年流动人口动态监测调查。

第四节　自雇就业与受雇就业农民工
市民化的影响因素分析

一　自雇就业与受雇就业农民工市民化意愿的影响因素分析

（一）自雇就业与受雇就业农民工市民化意愿

就市民化意愿而言，受雇就业农民工无市民化意愿的占49.6%，有市民化意愿的占50.4%；自雇就业农民工无市民化意愿的占46.0%，有市民化意愿的占54.0%。相较于受雇就业农民工，自雇就业农民工有市民化意愿的比例更高，市民化意愿相对更强，见图7.10。

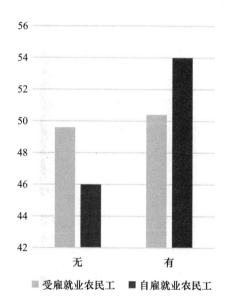

图7.10　受雇就业与自雇就业农民工市民化意愿（%）

资料来源：原国家卫生和计划生育委员会2013年流动人口动态监测调查。

（二）自雇就业与受雇就业农民工市民化意愿影响因素分析

模型1表明，个体特征、人力资本、社会资本、心理资本和制度性因素均对受雇就业农民工市民化意愿有显著影响。个体特征方面，婚姻状况对受雇就业农民工市民化意愿有显著影响，但性别对受雇就业农民工市民化意愿无显著影响。婚姻状况对受雇就业农民工市民化意愿有显著影响，以无配偶的受雇就业农民工为参照，有配偶的受雇就业农民工有市民化意愿的可能性提高 10.7%。人力资本方面，受教育年限和外出务工年限对受雇就业农民工市民化意愿有显著影响，但是否接受职业技能培训和月收入（对数）对受雇就业农民工市民化意愿无显著影响。受教育年限对受雇就业农民工市民化意愿有显著正影响，受雇就业农民工受教育年限每增加一年，其有市民化意愿的可能性提高 7.9%。城市务工年限对受雇就业农民工市民化意愿有显著正影响，受雇就业农民工城市务工年限每增加一年，其有市民化意愿的可能性提高 2.5%。社会资本方面，就业途径和参加社会活动数量均对受雇就业农民工市民化意愿有显著影响。就业途径对受雇就业农民工市民化意愿有显著影响，以就业时未使用社会网络的受雇就业农民工为参照，就业时使用社会网络的受雇就业农民工有市民化意愿的可能性仅为前者的 77.2%。参加社会活动数量对受雇就业农民工市民化意愿有显著正影响，受雇就业农民工参加社会活动数量每增加一个，其有市民化意愿的可能性提高 8%。心理资本方面，城市归属感和身份认同均对受雇就业农民工市民化意愿有显著影响。城市归属感对受雇就业农民工市民化意愿有显著影响，以无城市归属感的受雇就业农民工为参照，有城市归属感的受雇就业农民工有市民化意愿的可能性提高 49.9%。身份认同对受雇就业农民工市民化意愿有显著影响，以认为自己是本地人的受雇就业农民工为参照，认为自己是老家人和不知道自己是哪里人的受雇就业农民工有市民化意愿的可能性分别降低 62.4% 和 35.4%。制度性因素方面，住房性质和社会保障数量均对受雇就业农民工市民化意愿有显著影响。住房性质对受雇就业农民工市民化意愿有显著影响，以住房性质为非保障性住房的受雇就业农民工为参照，住房性质为保障性住房的受雇就业农民工有市民化意愿的可能性提高 60.6%。社会保障数量对受雇就业农民工市民化意愿有显著正影响，受雇就业农民工参加社会保障数量每增加一个，其有市民化意愿的可能性提高7.5%，见表7.15。

表7.15 不同就业方式农民工市民化意愿影响因素的模型结果

	模型1（受雇就业农民工）		模型2（自雇就业农民工）	
	B	Exp（B）	B	Exp（B）
性别（女性＝参照） 男性	0.024	1.025	−0.038	0.963
婚姻状况（无配偶＝参照） 有配偶	0.102	1.107*	0.046	1.047
受教育年限	0.076	1.079***	0.014	1.014
城市务工年限	0.024	1.025***	0.035	1.036***
职业技能培训（未接受＝参照） 接受	0.038	1.039	−0.031	0.969
月收入（对数）	0.021	1.021	0.111	1.117*
就业途径（未使用社会网络＝参照） 使用社会网络	−0.259	0.772***	−0.231	0.794***
参加社会活动数量	0.077	1.080***	−0.027	0.973
城市归属感（无＝参照） 有	0.405	1.499***	0.266	1.305**
身份认同（本地人＝参照） 老家人 不知道自己是哪里人	−0.977 −0.437	0.376*** 0.646***	−1.042 −0.227	0.353*** 0.797
住房性质（非保障性＝参照） 保障性	0.474	1.606*	0.358	1.431
社会保障数量	0.073	1.075***	0.121	1.129**
常量	−0.910	0.403*	−0.789	0.454
Cox & Snell R²	0.095		0.085	
Nagelkerke R²	0.127		0.113	

注：＊＊＊、＊＊和＊分别表示在1%、5%和10%的水平上显著。

模型2表明，人力资本、社会资本、心理资本和制度性因素对自雇就业农民工市民化意愿有显著影响，但个体特征对自雇就业农民工市民化意愿无显著影响。人力资本方面，城市务工年限和月收入对自雇就业农民工市民化意愿有显著影响，但受教育年限和是否接受职业技能培训对自雇就业农民工市民化意愿无显著影响。城市务工年限对自雇就业农民工市民化意愿有显著正影响，自雇就业农民工城市务工年限每增加一年，其有市民化意愿的可能性提高 3.6%。月收入对自雇就业农民工市民化意愿有显著正影响，自雇就业农民工月收入（对数）每增加一个单位，其有市民化意愿的可能性提高 11.7%。社会资本方面，就业途径对自雇就业农民工市民化意愿有显著影响，但参加社会活动数量对自雇就业农民工市民化意愿无显著影响。就业途径对自雇就业农民工市民化意愿有显著影响，以就业时未使用社会网络的自雇就业农民工为参照，就业时使用社会网络的自雇就业农民工有市民化意愿的可能性仅为前者的 79.4%。心理资本方面，城市归属感和身份认同均对自雇就业农民工市民化意愿有显著影响。城市归属感对自雇就业农民工市民化意愿有显著影响，以无城市归属感的自雇就业农民工为参照，有城市归属感的自雇就业农民工有市民化意愿的可能性提高 30.5%。身份认同对自雇就业农民工市民化意愿有显著影响，以认为自己是本地人的自雇就业农民工为参照，认为自己是老家人的自雇就业农民工有市民化意愿的可能性仅为前者的 35.3%。制度性因素方面，社会保障数量对自雇就业农民工市民化意愿有显著影响，但住房性质对自雇就业农民工市民化意愿无显著影响。社会保障数量对自雇就业农民工市民化意愿有显著正影响，自雇就业农民工参加社会保障数量每增加一个单位，其有市民化意愿的可能性提高 12.9%。

通过对自雇就业与受雇就业农民工市民化意愿影响因素进行比较，发现自雇就业与受雇就业农民工市民化意愿影响因素呈现出相似性和差异性。相似性体现为自雇就业与受雇就业农民工市民化意愿均受人力资本（城市务工年限）、社会资本（就业途径）、心理资本（城市归属感和身份认同）、制度性因素（社会保障数量）的影响；

差异性体现为婚姻状况、受教育年限、月收入、参加社会活动数量、住房性质对自雇与受雇就业农民工市民化意愿产生不同影响。

婚姻状况对受雇就业农民工市民化意愿有显著影响，但对自雇就业农民工市民化意愿无显著影响。对此可能的解释为，受雇就业农民工中未婚的仍占一定比例，这部分未婚的农民工对于未来去向和归属有一定的不确定性，因而婚姻状况对受雇就业农民工市民化意愿有显著影响，且已婚（有配偶）能够显著提升其市民化意愿。相比之下，自雇就业农民工大多数已婚，因此婚姻状况对自雇就业农民工市民化意愿无显著影响。

受教育年限对受雇就业农民工市民化意愿有显著影响，但对自雇就业农民工市民化意愿无显著影响。对此可能的解释为，对于受雇就业农民工而言，受教育年限越长，人力资本存量越高，在城市顺利就业并获得较高收入工作的可能性越大，因而受教育年限对受雇就业农民工市民化意愿有显著影响。然而，对于自雇就业农民工而言，他们进入自雇就业的人力资本（受教育年限）门槛较低，但仍然能获得相对于受雇就业更高的收入，因此受教育年限对自雇就业农民工市民化意愿无显著影响。

月收入（对数）对自雇就业农民工市民化意愿有显著影响，但对受雇就业农民工市民化意愿无显著影响。对此可能的解释为，有一份稳定的工作并获得收入是农民工在经济层面立足城市从而实现市民化的基础。对于自雇就业农民工而言，他们虽然收入水平较高，但他们的工作需要承担一定的风险、收入具有不确定性，因此收入对自雇就业农民工市民化意愿有重要影响。相比之下，受雇就业农民工收入水平较低，且群体内部收入差异较小，因此收入对于其市民化意愿没有显著影响。

参加社会活动数量对受雇就业农民工市民化意愿有显著影响，但对自雇就业农民工市民化意愿无显著影响。对此可能的解释为，受雇就业农民工的交往对象主要是以亲戚、同乡和朋友为主，社会网络同质性较强，不利于他们真正融入城市。因此，对于受雇就业农民工而言，参加各种社会活动会扩大他们的交往范围，增强其社会网络的异质性，使其能够真正融入城市社会，市民化意愿也会由此得到提升。相比之下，自雇就业农民工多为个体工商户，所从事的行业主要集中在批发零售业、住宿餐饮业和社会服务业等劳动密集型行业，往往需要付出更多的时间和精力以赚取更高的收入，休息时间相对较短。参加社会活动不仅会无形中减少其获取收入的机会，也会占据其休息的时间，因此参加社会活动数量越多，反而降低了自雇就业农民工市民化意愿，但不具有统计上的显著性。

住房性质对受雇就业农民工市民化意愿有显著影响，但对自雇就业农民工市民化意愿无显著影响。对此可能的解释为，受雇就业农民工工资收入偏低，难以负担城市高额的房价和房租，因此享有保障性住房能够显著提升受雇就业农民工市民化意愿。相比之下，自雇就业农民工收入相对较高，能够凭借其较强的经济实力解决在城市的住房问题，因此是否享有保障性住房对自雇就业农民工市民化意愿无显著影响。

二　自雇就业与受雇就业农民工市民化能力的影响因素分析

（一）自雇就业与受雇就业农民工市民化能力

就市民化能力而言，自雇就业农民工市民化能力更强。具体而言，自雇就业农民工有市民化能力的占67.3%，受雇就业农民工有市民化能力的占39.8%，前者高于后者27.5个百分点，见图7.11。

（二）自雇就业与受雇就业农民工市民化能力影响因素分析

模型1表明，个体特征、人力资本和流动特征对受雇就业农民工市民化能力有显著影响，但社会资本对受雇就业农民工市民化能力无显著影响。个体特征方面，性别对受雇就业农民工市民化能力有显著影响，以女性受雇就业农民工为参照，男性受雇就业农民工有市民化能力的可能性为女性受雇就业农民工的3.553倍。人力资本方面，受教育年限和外出务工年限对受雇就业农民工市民化能力有显著影响，但是否接受职业技能培训对受雇就业农民工市民化能力无显著影响。

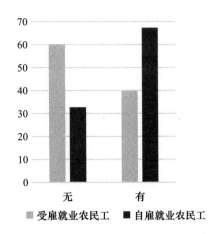

图 7.11　受雇就业与自雇就业农民工市民化能力（%）
资料来源：原国家卫生和计划生育委员会 2013 年流动人口动态监测调查。

受教育年限对受雇就业农民工市民化能力有显著正影响，受雇就业农民工受教育年限每增加一年，其有市民化能力的可能性提高 13.9%。外出务工年限对受雇就业农民工市民化能力有显著正影响，受雇就业农民工外出务工年限每增加一年，其有市民化能力的可能性提高 5.3%。流动特征方面，流动范围对受雇就业农民工市民化能力有显著影响，以省内流动的受雇就业农民工为参照，跨省流动的受雇就业农民工有市民化能力的可能性提高 15.2%，见表 7.16。

表 7.16　　不同就业方式农民工市民化能力影响因素的模型结果

	模型 1 （受雇就业农民工）		模型 2 （自雇就业农民工）	
	B	Exp（B）	B	Exp（B）
性别（女性＝参照） 男性	1.268	3.553 ***	0.820	2.271 ***
受教育年限	0.130	1.139 ***	0.100	1.105 ***
职业技能培训	0.093	1.097	0.096	1.101
外出务工年限	0.052	1.053 ***	0.006	1.006

续表

	模型 1（受雇就业农民工）		模型 2（自雇就业农民工）	
	B	Exp（B）	B	Exp（B）
就业途径（未使用社会网络 = 参照） 使用社会网络	-0.036	0.964	0.041	1.042
流动范围（省内流动 = 参照） 跨省流动	0.142	1.152 ***	-0.132	0.876 *
常量	-2.940	0.053 ***	-0.725	0.484 ***
Cox & Snell R²	0.123		0.049	
Nagelkerke R²	0.167		0.068	

注：＊＊＊、＊＊和＊分别表示在 1%、5% 和 10% 的水平上显著。

模型 2 表明，个体特征、人力资本和流动特征对自雇就业农民工市民化能力有显著影响，但社会资本对自雇就业农民工市民化能力无显著影响。个体特征方面，性别对自雇就业农民工市民化能力有显著影响，以女性自雇就业农民工为参照，男性自雇就业农民工有市民化能力的可能性为女性自雇就业农民工的 2.271 倍。人力资本方面，受教育年限对自雇就业农民工市民化能力有显著正影响，自雇就业农民工受教育年限每增加一年，其有市民化能力的可能性提高 10.5%。流动特征方面，流动范围对自雇就业农民工市民化能力有显著影响，以省内流动的自雇就业农民工为参照，跨省流动的自雇就业农民工有市民化能力的可能性仅为前者的 87.6%。

从个体特征、人力资本、社会资本和流动特征四个维度对自雇与受雇就业农民工市民化能力的影响因素进行比较，发现自雇就业与受雇就业农民工市民化能力的影响因素呈现出相似性和差异性。相似性体现为自雇就业与受雇就业农民工市民化能力均受到个体特征（性别）、人力资本（受教育年限）和流动特征（流动范围）的影响；差异性体现为外出务工年限和流动范围对自雇就业与受雇就业农民工产生不同影响。

外出务工年限对受雇就业农民工市民化能力有显著影响，但对自雇就业农民工市民化能力无显著影响。外出务工年限作为农民工人力资本的重要维度，对于提升农民工市民化能力具有重要影响。外出务工年限越长，农民工将外出务工前在农村所积累的人力资本转换成在城市就业所需要的劳动技能等人力资本的可能性越大。由于受雇就业农民工平均外出务工年限相对较短（7.82 年），随着外出务工年限的增加，他们在城市务工所需的人力资本也会随之提升，因此外出务工年限对受雇就业农民工市民化能力有显著影响。相比之下，自雇就业农民工平均外出务工年限相对较长（10.31 年），因而外出务工年限的增加虽然对其市民化能力具有正向影响，但不具有统计上的显著性。

此外，流动范围虽然对自雇就业和受雇就业农民工市民化能力均有显著影响，但影响方向不同。流动范围对自雇就业农民工市民化能力有显著负影响，体现为省内流动的自雇就业农民工市民化能力强于跨省流动的自雇就业农民工；但流动范围对受雇就业农民工市民化能力有显著正影响，体现为跨省流动的受雇就业农民工市民化能力强于省内流动的受雇就业农民工。对此可能的解释为，对于自雇就业农民工而言，跨省流动主要是流向东部地区（59.0%），省内流动则主要流向中部地区（58.9%）。东部地区虽然经济发展水平较高，但农民工进入自雇就业的门槛也较高，经营性收入也具有更大的不确定性，在一定程度上制约了自雇就业农民工市民化能力的提升。然而，中部地区经济虽然相对欠发达，但进入自雇就业的门槛较低，经营性收入相对更有保证，有助于农民工市民化能力的提升。因此，省内流动的自雇就业农民工市民化能力强于跨省流动的自雇就业农民工。相比之下，对于受雇就业农民工而言，跨省流动主要是流入到东部地区（90.0%），而东部地区就业机会更多、工资性收入更高，受雇就业农民工具有市民化能力的可能性更大。因此，跨省流动的受雇就业农民工市民化能力强于省内流动的受雇就业农民工。

第五节　本章小结

本章对农民工就业方式选择及影响因素、自雇就业农民工和受雇就业农民工基本特征、市民化状况和市民化的影响因素进行比较分析，主要结论如下：

第一，将农民工就业方式选择视为基于自身人力资本和社会资本的理性选择，考察了人力资本、社会资本和个体特征对农民工就业方式选择的影响，结果发现受教育年限越长、接受职业技能培训的农民工选择自雇就业的可能性更小，工作经验越丰富（外出务工年限越长）、身体健康的农民工选择自雇就业的可能性更大；相较于无配偶的农民工，有配偶的农民工选择自雇就业的可能性更大；男性农民工选择自雇就业的可能性更大，农民工自雇就业的可能性与年龄呈倒 U 形关系，东部地区农民工选择自雇就业的可能性更小。

第二，自雇就业农民工和受雇就业农民工基本特征的相似性和差异性：就性别而言，自雇就业农民工和受雇就业农民工性别构成均以男性为主，但自雇就业农民工群体内部男性和女性比例差异更大。就年龄而言，自雇就业农民工年龄相对更大。就教育程度而言，自雇就业农民工和受雇就业农民工教育程度均以初中为主，但受雇就业农民工中专及以上教育程度的比例更高。就婚姻状况而言，自雇就业和受雇就业农民工婚姻状况均以已婚为主，但受雇就业农民工未婚比例高于自雇就业农民工。就流动范围而言，受雇就业农民工流动范围以跨省流动为主，而自雇就业农民工跨省流动和省内跨市流动的比例相当。

第三，自雇就业农民工和受雇就业农民工市民化状况的相似性和差异性：经济活动层面，就行业分布而言，受雇就业农民工主要集中在第二产业中的制造业，而自雇就业农民工主要集中在第三产业中的批发零售业和住宿餐饮业；就单位性质而言，受雇就业农民工超过半数就业于私营企业，而自雇就业农民工绝大多数为个体工商户、无营业执照的自营劳动者和个体劳动者；就劳动时间而言，自雇就业农民工平均劳动时间更长，且其群体内部劳动时间差异更大，超时劳动的比例更高；就月收入而言，自雇就业农民工个人平均月收入和工资率都更高，且其群体内部收入差异也更大；就家庭月收入而言，自雇就业农民工家庭平均月收入更高；就消费情况而言，自雇就业农民工家庭每月总支出、食品支出和房租支出更大，且其群体内部消费水平差异也更大。

基本公共服务层面，就住房性质而言，受雇就业农民工住房性质以租住私房、单位/雇主提供免费房和租住单位/雇主房为主，而自雇就业农民工住房性质以租住私房为主，此外自雇就业农民工购买商品房的比例相对更高；就居住环境而言，自雇就业农民工和受雇就业农民工均集中居住在农村社区和城乡接合部，但自雇就业农民工居住在未经改造的老城区、城中村或棚户区、别墅区或商品房社区和经济适用房的比例相对更高；就社会保障状况而言，受雇就业农民工参加城镇各项社会保险的比例高于自雇就业农民工，受雇就业农民工社会保障状况更好；就职业技能培训状况而言，自雇就业农民工和受雇就业农民工接受职业技能培训状况的比例均较低，但受雇就业农民工接受职业技能培训的比例略高于自雇就业农民工。

社会融入层面，就社会组织参与情况而言，工会、老乡会、同学会和志愿者协会是受雇就业农民工参与频次最高的几个社会组织，而老乡会、志愿者协会、同学会和家乡商会是自雇就业农民工参与频次最高的几个社会组织。就社会活动参与情况而言，社区文体活动和社会公益活动是自雇就业农民工和受雇就业农民工参与频次最高的社会活动，但受雇就业农民工参加评优活动的频次更高，而自雇就业农民工参加选举活动、业主委员会活动和居委会管理活动的频次更高。就交往对象而言，自雇就业农民工和受雇就业农民工交往对象均以一起出来打工的亲戚、一起出来打工的同乡和其他一起打工的朋友为主，此外自雇就业农民工交往对象为本地户籍亲戚的比例更高，而受雇就业农民工交往对象为本地户籍同事的比例更高。就困难求助对象而言，自雇就业农民工和受雇就业农民工困难求助对象均以一起出来打工的亲戚、一起出来打工的同乡和其他一起打工的朋友为主，但自雇就业农民工困难求助对象为村/居委会、物业人员和房东与本地户籍亲戚的比例更高，而受雇就业农民工困难求助对象为本地户籍同事的比例更高。就城市归属感而言，自雇就业农民工和受雇就业农民工城市归属感均较强，但自雇就业农民工城市归属感略强于受雇就业农民工。就身份认同而言，自雇就业农民工身份认同状况相对好于受雇就业农民工。就自雇就业农民工和受雇就业农民工就业途径而言，受雇就业农民工就业途径以自己找到、同乡/朋友/同学和家人/亲戚为主，而自雇就业农民工就业途径则以自主创业、自己找到和家人/亲戚为主。

第四，自雇就业农民工和受雇就业农民工市民化及影响因素的相似性和差异性。就市民化意愿而言，自雇就业农民工和受雇就业农民工有市民化意愿的均超过半数，但自雇就业农民工市民化意愿略强于受雇就业农民工。自雇就业农民工和受雇就业农民工市民化意愿影响因素呈现出相似性和差异性。相似性体现为自雇就业与受雇就业农民工市民化意愿均受人力资本（城市务工年限）、社会资本（就业途径）、心理资本（城市归属感和身份认同）、制度性因素（社会保障数量）的影响。差异性体现为婚姻状况对受雇就业农民工市民化意愿有显著影响，但对自雇就业农民工市民化意愿无显著影响。受教育年限对受雇就业农民工市民化意愿有显著影响，但对自雇就业农民工市民化意愿无显著影响。月收入（对数）对自雇就业农民工市民化意愿有显著影响，但对受雇就业农民工市民化意愿无显著影响。参加社会活动数量对受雇就业农民工市民化意愿有显著影响，但对自雇就业农民工市民化意愿无显著影响。住房性质对受雇就业农民工市民化意愿有显著影响，但对自雇就业农民工市民化意愿无显著影响。

就市民化能力而言，自雇就业农民工具备市民化能力的占比约占七成，而受雇就业农民工具备市民化能力的约占四成，自雇就业农民工市民化能力明显强于受雇就业农民工。自雇就业农民工和受雇就业农民工在市民化能力的影响因素上呈现出相似性和差异性。相似性体现为自雇就业与受雇就业农民工市民化能力均受到个体特征（性别）、人力资本（受教育年限）、流动特征（流动范围）的影响。差异性体现为外出务工年限对受雇就业农民工市民化能力有显著影响，但对自雇就业农民工市民化能力无显著影响。流动范围对自雇就业农民工市民化能力有显著负影响，但对受雇就业农民工市民化能力有显著正影响。

第八章　流向区域分化与
农民工市民化

　　我国东部、中部和西部地区在经济发展水平和城镇化发展水平上存在明显差异，农民工市民化问题的具体内容在不同地区也有着不同的表现。[①] 因此，本章以农民工输入地为视角，对东部、中部和西部地区农民工的基本特征、市民化状况和市民化影响因素进行比较分析。

　　所用数据来源于 2013 年原国家卫生和计划生育委员会在上海市松江区、江苏省苏州市和无锡市、福建省泉州市、湖北省武汉市、湖南省长沙市、陕西省西安市和咸阳市 8 个城市开展的流动人口动态监测社会融合专题调查。调查城市覆盖了东部、中部、西部地区，并兼顾了大、中、小不同类型的城市[②]，虽然这 8 个城市不是随机抽取的，但市内样本均采用 PPS 抽样，具有一定的代表性。[③] 将上海市松江区、苏州市、无锡市和泉州市归为"东部地区"，将武汉市和长沙市归为"中部地区"，将西安市和咸阳市归为"西部地区"。据此次调查，流入到东部地区的农民工 7946 人，占 59.6%；流入到中部地区的农民工 3021 人，占 22.7%；流入到西部地区的农民工 2370 人，占 17.8%。

[①]　韩长赋：《中国农民工发展趋势与展望》，《经济研究》2006 年第 12 期。

[②]　国家卫生和计划生育委员会流动人口司：《中国流动人口发展报告 2014》，中国人口出版社 2014 年版，第 42 页。

[③]　杨菊华：《中国流动人口的社会融入研究》，《中国社会科学》2015 年第 2 期。

第一节　东部、中部和西部地区经济发展和城镇化发展水平

　　地区间经济发展水平和城镇化发展水平差异是引起我国区域间大规模人口迁移流动的主要原因。就经济发展水平差异而言，2016 年全年国内生产总值为 744127 亿元，地区生产总值最高的省份——广东省，地区生产总值为 80854.91 亿元；地区生产总值最低的省份——西藏自治区，地区生产总值仅为 1151.41 亿元，约相当于广东省的 1.42%。分区域看，东部地区生产总值最高，为 41018.64 亿元；中部地区生产总值为 26774.26 亿元；东北地区生产总值为 17466.60 亿元；西部地区生产总值最低，为 13069.01 亿元，约相当于东部地区的 31.86%，见图 8.1。

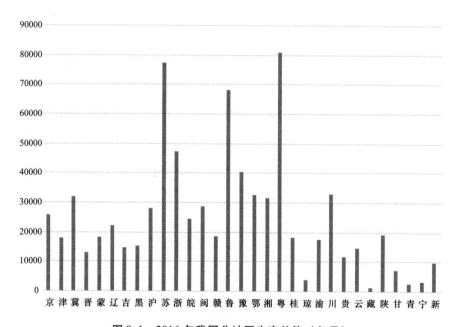

图 8.1　2016 年我国分地区生产总值（亿元）

资料来源：中华人民共和国国家统计局：《中国统计年鉴 2017》。

就城镇化发展水平差异而言，2016 年我国城镇化率为 57. 35%，城镇化率最高的地区——上海，达到 87. 90%；城镇化率最低的地区——西藏，仅为 29. 56%，二者差值高达 58. 34 个百分点。分区域看，东部地区城镇化率最高，为 69. 40%；其次是东北地区，城镇化率为 60. 85%；中部地区城镇化率为 53. 44%；西部地区城镇化率最低，为 49. 68%。东部地区城镇化率分别高出东北地区、中部地区和西部地区 8. 55、15. 96 和 19. 72 个百分点，见图 8. 2。

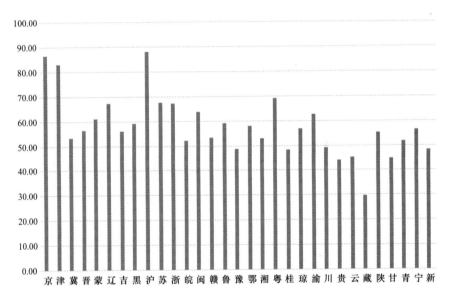

图 8. 2　2016 年我国分地区城镇化率（%）

资料来源：中华人民共和国国家统计局：《中国统计年鉴 2017》。

第二节　东部、中部和西部地区农民工基本特征

一　性别构成

东部、中部和西部地区农民工在性别构成上均以男性为主，三个地区农民工中男性占比均超过半数，分别为 54. 4%、55. 9% 和 59. 9%。其中，西部地区农民工男性占比最高，分别高出东部地区和

中部地区男性农民工占比5.5个百分点和4.0个百分点，见表8.1。

表 8.1　　　　东部、中部和西部地区农民工性别构成（%）

	东部地区	中部地区	西部地区
男性	54.4	55.9	59.9
女性	45.6	44.1	40.1
总计	100.0	100.0	100.0

资料来源：原国家卫生和计划生育委员会2013年流动人口动态监测调查。

二　年龄构成

就年龄构成而言，东部、中部和西部地区农民工年龄构成呈现出一定的相似性：东部、中部和西部地区农民工年龄最集中的几个年龄组依次为25—34岁年龄组、35—44岁年龄组和15—24岁年龄组。但东部地区15—24岁年龄组农民工在三个地区之中占比最高，中部地

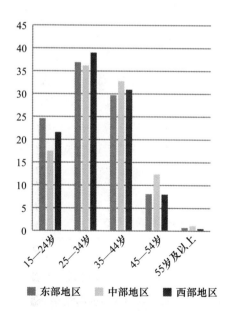

图 8.3　东部、中部和西部地区农民工年龄构成（%）
资料来源：原国家卫生和计划生育委员会2013年流动人口动态监测调查。

区 35—44 岁年龄组农民工在三个地区中占比最高，西部地区 25—34
岁年龄组农民工在三个地区中占比最高，见图 8.3。

就平均年龄而言，东部地区农民工平均年龄为 31.93 岁（标准差
为 8.89 岁），中部地区农民工平均年龄为 33.80 岁（标准差为 10.02
岁），西部地区农民工平均年龄为 32.36 岁（标准差为 8.66 岁）。中
部地区农民工平均年龄最高，其次是西部地区农民工，东部地区农民
工平均年龄最低。

三　教育程度

就教育程度而言，东部、中部和西部地区农民工教育程度构成均
以初中为主，东部、中部和西部地区农民工初中教育程度的分别占
57.2%、59.1% 和 51.7%。就高中教育程度而言，西部地区农民工
受教育程度为高中的占比最高，为 27.4%；其次是中部地区，高中
教育程度的农民工占 22.5%；东部地区农民工教育程度为高中的占
比最低，为 12.9%。就中专教育程度而言，东部、中部和西部地区
农民工教育程度为中专的分别占 7.4%、6.1% 和 6.8%。就大学专科
及以上教育程度而言，东部、中部和西部地区农民工分别占 5.8%、
5.9% 和 8.8%。就平均受教育年限而言，东部地区农民工平均受教
育年限为 9.38 年（标准差为 2.58 年），中部地区农民工平均受教育
年限为 10.02 年（标准差为 2.13 年），西部地区农民工平均受教育年
限为 10.39 年（标准差为 2.30 年）。中部和西部地区农民工受教育程
度相对高于东部地区农民工，见表 8.2。

表 8.2　　　　　　　　东部、中部和西部地区农民工教育程度

	东部地区	中部地区	西部地区
未上过学（%）	1.6	0.2	0.4
小学（%）	15.0	6.2	4.8
初中（%）	57.2	59.1	51.7

续表

	东部地区	中部地区	西部地区
高中（%）	12.9	22.5	27.4
中专（%）	7.4	6.1	6.8
大学专科（%）	4.5	4.9	7.6
大学本科（%）	1.3	1.0	1.2
研究生（%）	0.0	0.0	0.0
总计（%）	100.0	100.0	100.0
平均受教育年限（年）	9.38（2.58）	10.02（2.13）	10.39（2.30）

资料来源：原国家卫生和计划生育委员会 2013 年流动人口动态监测调查。

四　婚姻状况

就婚姻状况而言，东部、中部和西部地区农民工婚姻状况均以已婚（初婚和再婚）为主，东部、中部和西部地区农民工已婚的分别占 77.7%、81.8% 和 73.0%。其中，中部地区农民工已婚的比例最高，其次是东部地区，西部地区农民工已婚比例最低。相应地，西部地区农民工未婚比例最高（24.7%），见表 8.3。

表 8.3　　　东部、中部和西部地区农民工婚姻状况（%）

	东部地区	中部地区	西部地区
未婚	21.5	17.2	24.7
初婚	77.1	80.5	72.5
再婚	0.6	1.3	0.5
离婚	0.7	0.8	1.6
丧偶	0.2	0.2	0.6
总计	100.0	100.0	100.0

资料来源：原国家卫生和计划生育委员会 2013 年流动人口动态监测调查。

五 流动范围

东部地区农民工的流动范围以跨省流动为主，近八成的农民工为跨省流动；中部地区农民工以省内跨市流动为主，近七成的农民工为省内跨市流动；西部地区农民工跨省流动和省内跨市流动比例相当，分别为39.1%和40.7%，高于市内跨县流动的比例（20.3%），见图8.4。

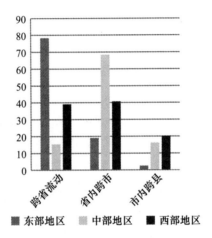

图8.4 东部、中部和西部地区农民工流动范围（%）
资料来源：原国家卫生和计划生育委员会2013年流动人口动态监测调查。

六 来源地分布

就来源地而言，东部地区农民工来源地省份占比最高的是安徽省（23.3%），其次是江苏省（17.5%），来源地为河南省的占10.4%；中部地区农民工来源地省份占比最高的为湖南省（48.1%），其次是湖北省（38.9%），两个省份的合计占比达到87.0%；西部地区农民工来源地省份占比最高的为陕西省（60.9%），来自河南省的占9.9%，见表8.4。对东部、中部和西部地区农民工来源地省份进行比较，发现三个地区农民工均呈现出在各自区域内部转移的特征，但这种特征在中部和西部地区农民工上体现得尤为明显。

表 8.4 　　　东部、中部和西部地区农民工来源地分布（%）

	东部地区	中部地区	西部地区
北京市	0.0	0.0	0.0
天津市	0.0	0.1	0.0
河北省	0.2	0.3	1.6
山西省	0.3	0.1	1.6
内蒙古自治区	0.1	0.0	0.2
辽宁省	0.1	0.0	0.2
吉林省	0.2	0.0	0.2
黑龙江省	0.3	0.1	0.3
上海市	0.0	0.0	0.0
江苏省	17.5	1.2	1.2
浙江省	2.5	0.9	1.0
安徽省	23.3	2.0	2.4
福建省	7.2	0.5	1.9
江西省	6.6	1.9	1.2
山东省	3.8	0.2	2.0
河南省	10.4	3.0	9.9
湖北省	3.9	38.9	2.7
湖南省	2.6	48.1	1.3
广东省	0.3	0.1	0.3
广西壮族自治区	0.5	0.3	0.1
海南省	0.1	0.0	0.0
重庆市	3.6	0.9	1.1
四川省	8.3	0.6	5.3
贵州省	4.2	0.2	0.3
云南省	1.2	0.0	0.1
西藏自治区	0.0	0.0	0.0
陕西省	1.7	0.3	60.9
甘肃省	1.0	0.2	3.5
青海省	0.0	0.1	0.1
宁夏回族自治区	0.0	0.0	0.3

续表

	东部地区	中部地区	西部地区
新疆维吾尔自治区	0.0	0.0	0.2
总计	100.0	100.0	100.0

资料来源：原国家卫生和计划生育委员会2013年流动人口动态监测调查。

第三节　东部、中部和西部地区
农民工市民化状况

一　经济活动层面的市民化状况

（一）就业情况

就业行业分布方面，东部地区农民工主要集中在第二产业中的制造业，而中部、西部地区农民工则主要集中在第三产业中的批发零售业、住宿餐饮业和社会服务业。东部地区农民工从事制造业的占比最高，达到59.5%，分别高出中部和西部地区49.6和54.9个百分点。相比之下，中部和西部地区农民工就业行业则主要集中在批发零售业、住宿餐饮业和社会服务业。然而，中部和西部地区农民工在上述三个行业的分布上也呈现出一定的差异性。具体而言，中部地区农民工就业最为集中的几个行业依次为批发零售业（32.1%）、住宿餐饮业（18.1%）和社会服务业（15.8%）；西部地区农民工就业最为集中的几个行业依次为住宿餐饮业（27.6%）、批发零售业（21.1%）和社会服务业（19.3%），见表8.5。

表8.5　　东部、中部和西部地区农民工就业行业分布（%）

		东部地区	中部地区	西部地区
第二产业	制造业	59.5	9.9	4.6
	采掘业	0.0	0.0	1.8
	建筑	5.6	5.6	9.6
	电煤水生产供应	0.5	0.6	1.0

续表

		东部地区	中部地区	西部地区
第三产业	批发零售	11.3	32.1	21.1
	住宿餐饮	6.2	18.1	27.6
	社会服务	6.5	15.8	19.3
	金融/保险/房地产	0.6	0.6	1.6
	交通运输、仓储通信	3.8	3.3	2.8
	卫生、体育和社会福利	0.3	0.6	0.7
	教育、文化及广播电视	0.3	1.3	0.9
	科研和技术服务	0.8	0.8	0.8
	党政机关和社会团体	0.2	0.1	0.4
	其他	4.4	11.1	7.7
	总计	100.0	100.0	100.0

资料来源：原国家卫生和计划生育委员会2013年流动人口动态监测调查。

就平均劳动时间而言，东部地区农民工平均每周工作 6.19 天、平均每天工作 9.52 小时、平均每周工作 59.45 小时；中部地区农民工平均每周工作 6.41 天、平均每天工作 9.62 小时、平均每周工作 62.28 小时；西部地区农民工平均每周工作 6.45 天、平均每天工作 9.72 小时、平均每周工作 61.13 小时，见表 8.6。

表 8.6　　　　东部、中部和西部地区农民工劳动时间

	东部地区	中部地区	西部地区
平均每周工作天数	6.19 (0.80)	6.41 (0.75)	6.45 (0.70)
平均每天工作时数	9.52 (1.87)	9.62 (2.01)	9.72 (1.72)
平均每周工作时数	59.45 (15.83)	62.28 (17.01)	61.13 (15.02)
平均每天工作超过 8 小时（%）	55.1	60.9	69.7
平均每周工作超过 44 小时（%）	82.9	88.7	90.9

资料来源：原国家卫生和计划生育委员会2013年流动人口动态监测调查。

注：括号内为标准差。

就是否超时劳动而言，东部地区农民工平均每天工作时数超过 8 小时的占 55.1%，平均每周工作时数超过 44 小时的占 82.9%；中部地区农民工平均每天工作时数超过 8 小时的占 60.9%，平均每周工作时数超过 44 小时的占 88.7%；西部地区农民工平均每天工作时数超过 8 小时的占 69.7%，平均每周工作时数超过 44 小时的占 90.9%。无论是从平均每天工作时数是否超过 8 小时，还是从平均每周工作时数是否超过 44 小时来衡量农民工超时劳动状况，三个区域的农民工均存在超时劳动情况，但西部地区农民工超时劳动情况相对更为严重，见表 8.6。

就劳动合同签订状况而言，东部地区农民工与用人单位签订劳动合同（无固定期限、有固定期限和完成一次性工作任务或试用期）的占 74.0%，未与用人单位签订劳动合同的占 23.3%，不清楚是否与用人单位签订劳动合同的占 2.7%。中部地区农民工与用人单位签订劳动合同的占 63.2%，未与用人单位签订劳动合同的占 30.4%，不清楚是否与用人单位签订劳动合同的占 6.2%。西部地区农民工与用人单位签订劳动合同的占 57.8%，未与用人单位签订劳动合同的占 36.2%，不清楚是否与用人单位签订劳动合同的占 5.8%。对东部、中部和西部地区农民工劳动合同签订状况进行比较发现，东部地区农民工与用人单位签订劳动合同的比例最高，分别高出中部和西部地区农民工 10.8 个百分点和 16.2 个百分点，见表 8.7。

表 8.7　东部、中部和西部地区农民工劳动合同签订状况（%）

	东部地区	中部地区	西部地区
无固定期限	12.6	18.4	29.7
有固定期限	59.7	40.4	25.0
完成一次性工作任务或试用期	1.7	4.4	3.1
未签订劳动合同	23.3	30.4	36.2
不清楚	2.7	6.2	5.8
其他	0.0	0.3	0.2

	东部地区	中部地区	西部地区
合计	100.0	100.0	100.0

资料来源：原国家卫生和计划生育委员会2013年流动人口动态监测调查。

（二）收入情况

就农民工个人月收入而言，中部地区农民工个人平均月收入最高，为3472.52元（标准差为2306.90元）；东部地区农民工个人平均月收入为3369.13元（标准差为2098.37元）；西部地区农民工个人平均月收入最低，为3201.65元（标准差为2132.62元）。就农民工家庭月收入而言，中部地区农民工家庭平均月收入最高，为6100.02元（标准差为5030.77元）；东部地区农民工家庭平均月收入为6020.81元（标准差为4836.02元）；西部地区农民工家庭平均月收入最低，为4827.88元（标准差为4717.28元），见图8.5。通过对东部、中部和西部地区农民工个人和家庭平均月收入情况进行比较发现，中部地区农民工收入水平较高，而西部地区农民工收入水平较低。

（三）消费情况

就农民工家庭每月总支出而言，中部地区农民工家庭每月总支出为3120.59元，高出东部地区农民工家庭每月支出677.27元，高出西部地区农民工家庭每月支出908.91元。就农民工家庭每月食品支出而言，东部、中部和西部地区农民工家庭每月食品支出金额呈梯次递减，东部、中部和西部地区农民工家庭每月食品支出分别为1103.97元、1042.71元和789.97元。就农民工家庭每月房租支出而言，中部地区农民工家庭每月房租支出最高（895.05元），其次是西部地区（535.49元），东部地区农民工家庭每月房租支出最低（468.69元），见图8.6。通过对东部、中部和西部地区农民工家庭月消费情况进行比较发现，中部地区农民工家庭月消费水平相对较高；东部地区农民工家庭每月食品支出相对较高；中部地区农民工家庭每月房租支出相对较高。

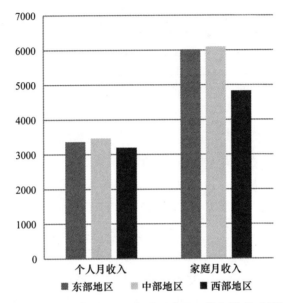

图 8.5　东部、中部和西部地区农民工收入情况（元）

资料来源：原国家卫生和计划生育委员会 2013 年流动人口动态监测调查。

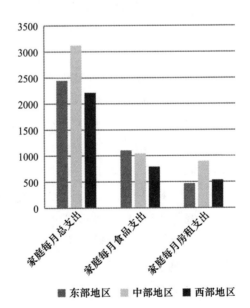

图 8.6　东部、中部和西部地区农民工家庭消费情况（元）

资料来源：原国家卫生和计划生育委员会 2013 年流动人口动态监测调查。

二　基本公共服务层面的市民化状况

（一）居住状况

在住房性质方面，东部、中部和西部地区农民工均以租住私房为主，东部、中部和西部地区农民工租住私房的分别占 61.0%、70.2% 和 84.3%，西部地区农民工租住私房的比例高于中部和东部地区农民工。就保障性住房（政府提供廉租房、政府提供公租房和已购政策性保障房）而言，东部地区农民工享有保障性住房的占 0.9%，中部地区农民工享有保障性住房的占 0.2%，西部地区农民工享有保障性住房的占 0.3%，三个地区农民工享有保障性住房的比例均极低。就已购商品房而言，东部、中部和西部地区农民工已购商品房的比例分别为 6.5%、5.8% 和 2.3%。此外，中部地区农民工居住在就业场所的比例较高（5.3%），分别高出东部和西部地区农民工 3.8 个百分点和 3.4 个百分点，见表 8.8。

表8.8　　　东部、中部和西部地区农民工住房性质（%）

	东部地区	中部地区	西部地区
租住单位/雇主房	13.1	8.9	6.0
租住私房	61.0	70.2	84.3
政府提供廉租房	0.3	0.0	0.1
政府提供公租房	0.5	0.1	0.1
单位/雇主提供免费住房	15.0	7.7	3.7
已购政策性保障房	0.1	0.1	0.1
已购商品房	6.5	5.8	2.3
借住房	1.7	0.6	1.1
就业场所	1.5	5.3	1.9
自建房	0.2	0.9	0.2
其他非正规居所	0.2	0.5	0.1
总计	100.0	100.0	100.0

资料来源：原国家卫生和计划生育委员会 2013 年流动人口动态监测调查。

就居住社区而言，东部地区农民工居住在别墅区或商品房社区的占12.2%，中部地区占10.8%，西部地区占3.5%。东部地区农民工居住在农村社区的占52.5%，西部地区农民工占15.9%，中部地区农民工占12.5%。中部地区农民工居住在未经改造的老城区和城乡接合部的比例高于西部地区和东部地区农民工。西部地区农民工居住在城中村或棚户区的比例最高（34.2%），中部地区占10.1%，而东部地区农民工仅占1.4%，见表8.9。东部地区农民工超过半数居住在农村社区，中部地区农民工主要居住在城乡接合部和未经改造的老城区，西部地区农民工主要居住在城中村或棚户区和城乡接合部。

表8.9　　　　东部、中部和西部地区农民工居住社区（%）

	东部地区	中部地区	西部地区
别墅区或商品房社区	12.2	10.8	3.5
经济适用房社区	3.3	6.6	1.9
机关事业单位社区	0.7	3.2	2.1
工矿企业社区	7.1	1.3	6.5
未经改造的老城区	5.1	24.7	10.8
城中村或棚户区	1.4	10.1	34.2
城乡接合部	15.6	30.1	22.6
农村社区	52.5	12.5	15.9
其他	2.1	0.9	2.5
总计	100.0	100.0	100.0

资料来源：原国家卫生和计划生育委员会2013年流动人口动态监测调查。

（二）社会保障状况

就社会保障状况而言，东部地区农民工参加城镇养老保险的比例为30.9%，分别高出中部和西部地区农民工参保比例21.1个百分点和24.7个百分点。东部地区农民工参加城镇职工医保的比例为34.2%，分别高出中部和西部地区农民工参保比例25.9个百分点和30.7个百分点。东部地区农民工参加工伤保险的比例为35.5%，分

别高出中部地区和西部地区农民工参保比例 25.0 个百分点和 26.9 个
百分点。东部地区农民工参加失业保险的比例为 25.3%，分别高出
中部地区和西部地区农民工参保比例 18.3 个百分点和 22.6 个百分
点。东部地区农民工参加生育保险的比例为 10.6%，分别高出中部
地区和西部地区农民工参保比例 8.2 个百分点和 9.8 个百分点。东部
地区农民工参加住房公积金的比例为 10.6%，分别高出中部地区和
西部地区农民工参保比例 8.0 个百分点和 7.7 个百分点，见图 8.7。
总体而言，东部、中部和西部地区农民工参加"五险一金"的比例
依次降低，东部地区农民工社会保障状况最好、中部地区次之、西部
地区农民工社会保障状况相对较差。

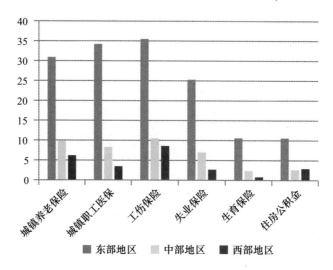

图 8.7　东部、中部和西部地区农民工社会保障状况（%）
资料来源：原国家卫生和计划生育委员会 2013 年流动人口动态监测调查。

（三）职业技能培训状况

就接受职业技能培训状况而言，东部地区农民工接受职业技能培
训的占 9.8%，未接受职业技能培训的占 90.2%；中部地区农民工接
受职业技能培训的占 19.8%，未接受职业技能培训的占 80.2%；西
部地区农民工接受职业技能培训的占 14.7%，未接受职业技能培训

的占 85.3% 。总体而言，中部地区农民工接受职业技能培训的比例最高，其次是西部地区农民工，东部地区农民工接受职业技能培训的比例最低，见表 8.10。

表 8.10   东部、中部和西部地区农民工接受技能培训状况（%）

	东部地区	中部地区	西部地区
未接受	90.2	80.2	85.3
接受	9.8	19.8	14.7
总计	100.0	100.0	100.0

资料来源：原国家卫生和计划生育委员会2013年流动人口动态监测调查。

三   社会融入层面的市民化状况

（一）社会参与

就社会组织参与情况而言，东部地区农民工参与频次最高的社会组织分别为工会（56.5%）和老乡会（37.3%）；中部地区农民工参与频次最高的社会组织依次为老乡会（35.3%）、志愿者协会（33.6%）和同学会（26.7%）；西部地区农民工参与频次最高的社会组织依次为老乡会（48%）、同学会（32.9%）、志愿者协会（25.7%）和工会（20.2%），见图 8.8。

就社会活动参与情况而言，东部地区农民工参与频次最高的社会活动分别为社区文体活动（59.4%）和社会公益活动（47.4%）；中部地区农民工参与频次最高的社会活动依次为社区文体活动（53.7%）、社会公益活动（51.3%）、居委会管理活动（29.7%）和选举活动（22.9%）；西部地区农民工参与频次最高的社会活动依次为社会公益活动（58.2%）、社区文体活动（48.5%）和居委会管理活动（23.9%），见图 8.9。总体而言，社区文体活动和社会公益活动是东部、中部和西部地区农民工参与频次最高的两项活动。

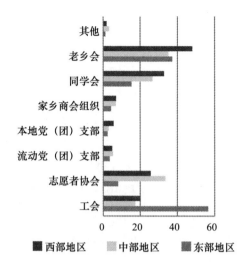

图 8.8 东部、中部和西部地区农民工参加社会组织情况（%）

资料来源：原国家卫生和计划生育委员会2013年流动人口动态监测调查。

注：百分比为个案百分比。

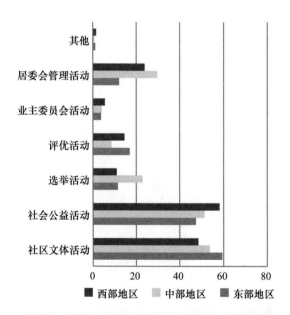

图 8.9 东部、中部和西部地区农民工参加社会活动情况（%）

资料来源：原国家卫生和计划生育委员会2013年流动人口动态监测调查。

注：百分比为个案百分比。

（二）社会交往

就交往对象而言，东部、中部和西部地区农民工交往对象呈现出
一定的相似性，即三个地区农民工交往对象均以一起出来打工的亲
戚、一起出来打工的同乡和其他一起打工的朋友为主。中部和西部地
区农民工交往对象为本地户籍亲戚的比例分别为 28.2% 和 27.8%，
而东部地区农民工交往对象为本地户籍亲戚的仅占 9.9%。西部地区
农民工交往对象为本地户籍同事的占比最高（29.8%），分别高出中
部地区和东部地区 8.2 个百分点和 10.1 个百分点。中部和西部地区
农民工交往对象为本地同学的比例分别为 22.8% 和 24.3%，而东部
地区农民工交往对象为本地同学的仅占 14.0%，见表 8.11。

表 8.11　　　东部、中部和西部地区农民工交往对象（%）

	东部地区	中部地区	西部地区
一起出来打工的亲戚	75.7	65.3	71.2
一起出来打工的同乡	73.6	60.4	71.7
本地户籍亲戚	9.9	28.2	27.8
其他一起打工的朋友	67.8	58.1	62.4
本地户籍同事	19.7	21.6	29.8
政府管理服务人员	2.2	5.9	6.9
本地同学	14.0	22.8	24.3
跟人来往不多	18.2	14.9	17.8
其他人	0.5	1.3	0.7

资料来源：原国家卫生和计划生育委员会 2013 年流动人口动态监测调查。

注：百分比为个案百分比。

就困难求助对象而言，东部、中部和西部地区农民工的困难求助
对象均以一起出来打工的亲戚、一起出来打工的同乡和其他一起打工
的朋友为主。东部地区农民工困难求助对象为一起出来打工的亲戚的
比例为 76.1%，分别高出西部地区和中部地区农民工 2.8 个百分点和
11.4 个百分点。西部地区农民工困难求助对象为一起出来打工的同

乡的比例最高（67.3%），其次是东部地区农民工（64.8%），中部地区农民工困难求助对象为一起出来打工的同乡的比例最低（49.6%）。此外，中部和西部地区农民工困难求助对象为村/居委会、物业人员、房东的比例分别为28.1%和32.0%，相对高于东部地区农民工（17.6%）。西部地区农民工困难求助对象为本地同学的比例最高（23.7%），其次是中部地区农民工（18.0%），东部地区农民工最低（11.2%），见表8.12。

表8.12　　东部、中部和西部地区农民工困难求助对象（%）

	东部地区	中部地区	西部地区
一起出来打工的亲戚	76.1	64.7	73.3
一起出来打工的同乡	64.8	49.6	67.3
本地户籍亲戚	9.5	27.4	28.3
其他一起打工的朋友	57.7	46.4	56.5
本地户籍同事	13.2	15.4	25.1
行政执法部门人员	9.1	11.1	13.2
本地同学	11.2	18.0	23.7
村/居委会、物业人员、房东	17.6	28.1	32.0
很少找人	22.9	22.2	17.1
其他人	0.6	1.3	0.6

资料来源：原国家卫生和计划生育委员会2013年流动人口动态监测调查。

注：百分比为个案百分比。

（三）城市归属感

就城市归属感而言，东部地区农民工有城市归属感的占89.2%，无城市归属感的占10.8%。中部地区农民工有城市归属感的占93.3%，无城市归属感的占6.7%。西部地区农民工有城市归属感的占89.0%，无城市归属感的占11.0%。总体而言，中部地区农民工有城市归属感的比例最高，分别高出东部和西部地区农民工4.1个百分点和4.3个百分点，见图8.10。由于农民工进城务工主要是出于经济动因，进城务工能够获得相较于农村务农更高的收入，使农民工对打工所在城市有较强的归属感。据本次调查，中部地区农民工平均月收入相对高于东部和西部地区农民工平均月收入，因此中部地区农民工城市归属感相对强于东部和西部地区农民工。

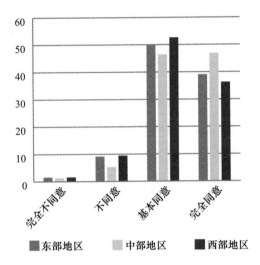

图 8.10　东部、中部和西部地区农民工城市归属感（%）

资料来源：原国家卫生和计划生育委员会 2013 年流动人口动态监测调查。

（四）身份认同

就身份认同状况而言，东部地区农民工认为自己是本地人的比例最低（5.0%），分别低于中部地区和西部地区农民工 16.6 个百分点和 13.0 个百分点。东部地区农民工认为自己是新本地人的比例最高（39.8%），分别高出中部地区和西部地区农民工 11.5 个百分点和 9.2 个百分点。东部地区农民工认为自己是老家人的比例最高（53.3%），西部地区农民工认为自己是老家人的占 46.8%，中部地区农民工认为自己是老家人的占 45.5%。此外，东部、中部和西部地区农民工在身份认同上均存在模糊状况，东部、中部和西部地区农民工不知道自己是哪里人的分别占 1.9%、4.5% 和 4.6%，见图8.11。总体而言，中部地区农民工身份认同状况最好，西部地区农民工次之，东部地区农民工身份认同状况相对较差。

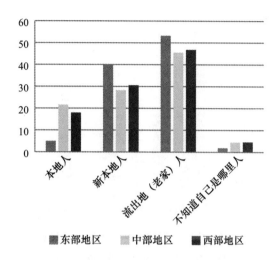

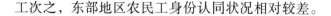

图 8.11　东部、中部和西部地区农民工身份认同状况（%）
资料来源：原国家卫生和计划生育委员会 2013 年流动人口动态监测调查。

第四节　农民工市民化影响因素的区域差异

一　农民工市民化意愿影响因素的区域差异

（一）东部、中部和西部地区农民工市民化意愿

就市民化意愿而言，农民工市民化意愿呈现出东部地区最高、西部地区次之、中部地区最低的区域特征，而并未呈现出由东向西梯次递减的特征。具体而言，东部地区农民工有市民化意愿的占 53.1%，中部地区农民工有市民化意愿的占 48.3%，西部地区农民工有市民化意愿的占 51.3%，见图 8.12。这与林李月和朱宇（2016）的研究结论相一致，该研究认为我国经济发展空间格局的内陆化趋势并未导致流动人口（主体是农民工）的户籍迁移意愿也出现类似的变化，中西部地区城市整体对流动人口的户籍迁移缺乏吸引力。①

① 林李月、朱宇：《中国城市流动人口户籍迁移意愿的空间格局及影响因素——基于 2012 年全国流动人口动态监测调查数据》，《地理学报》2016 年第 71 卷第 10 期。

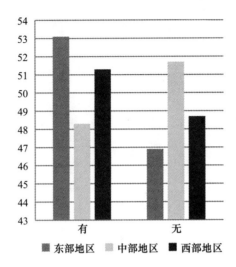

图 8.12　东部、中部和西部地区农民工市民化意愿（%）
资料来源：原国家卫生和计划生育委员会 2013 年流动人口动态监测调查。

（二）农民工市民化意愿影响因素的区域差异

表 8.13 报告了东部、中部和西部地区农民工市民化意愿影响因素的模型结果。模型 1 表明，个体特征、人力资本、社会资本、心理资本和制度性因素均对东部地区农民工市民化意愿有显著影响。个体特征方面，婚姻状况对东部地区农民工市民化意愿有显著影响，但性别对东部地区农民工市民化意愿无显著影响。婚姻状况对东部地区农民工市民化意愿有显著影响，以无配偶的东部地区农民工为参照，有配偶的东部地区农民工有市民化意愿的可能性提高 28.5%。人力资本方面，受教育年限、城市务工年限和月收入对东部地区农民工市民化意愿有显著影响，但是否接受职业技能培训对东部地区农民工市民化意愿无显著影响。受教育年限对东部地区农民工市民化意愿有显著正影响，东部地区农民工受教育年限每增加一年，其有市民化意愿的可能性提高 8.7%。城市务工年限对东部地区农民工市民化意愿有显著正影响，东部地区农民工在城市务工年限每增加一年，其有市民化意愿的可能性提高 2.9%。月收入（对数）对东部地区农民工市民化意愿有显著正影响，东部地区农民工月收入（对数）每增加一个单

位，其有市民化意愿的可能性提高18.2%。社会资本方面，就业途径和参加社会活动数量均对东部地区农民工市民化意愿有显著影响。就业途径对东部地区农民工市民化意愿有显著影响，以就业时未使用社会网络的东部地区农民工为参照，就业时使用社会网络的东部地区农民工有市民化意愿的可能性仅为前者的70.5%。参加社会活动数量对东部地区农民工市民化意愿有显著正影响，东部地区农民工参加社会活动数量每增加一个，其有市民化意愿的可能性提高24.2%。心理资本方面，城市归属感和身份认同均对东部地区农民工市民化意愿有显著影响。城市归属感对东部地区农民工市民化意愿有显著影响，以无城市归属感的东部地区农民工为参照，有城市归属感的东部地区农民工有市民化意愿的可能性提高52.5%。身份认同对东部地区农民工市民化意愿有显著影响，以认为自己是本地人的东部地区农民工为参照，认为自己是老家人的东部地区农民工有市民化意愿的可能性仅为前者的39.2%。制度性因素方面，社会保障数量对东部地区农民工市民化意愿有显著影响，但住房性质对东部地区农民工市民化意愿无显著影响。社会保障数量对东部地区农民工市民化意愿有显著正影响，东部地区农民工参加社会保障数量每增加一个，其有市民化意愿的可能性提高6.3%。

表8.13　　　农民工市民化意愿影响因素的区域差异模型结果

	模型1 （东部地区）		模型2 （中部地区）		模型3 （西部地区）	
	B	Exp（B）	B	Exp（B）	B	Exp（B）
性别（女性＝参照） 男性	0.006	1.006	－0.093	0.911	0.059	1.061
婚姻状况（无配偶＝参照） 有配偶	0.250	1.285***	－0.099	0.905	－0.156	0.855
受教育年限	0.084	1.087***	－0.025	0.975	0.067	1.069***
城市务工年限	0.028	1.029***	0.019	1.019*	0.011	1.011

续表

	模型 1 (东部地区)		模型 2 (中部地区)		模型 3 (西部地区)	
	B	Exp（B）	B	Exp（B）	B	Exp（B）
职业技能培训（未接受 = 参照）						
接受	0.101	1.106	− 0.093	0.911	0.219	1.245 *
月收入（对数）	0.167	1.182 ***	0.040	1.041	− 0.099	0.906
就业途径（未使用社会网络 = 参照）						
使用社会网络	− 0.350	0.705 ***	− 0.010	0.990	− 0.301	0.740 ***
参加社会活动数量	0.217	1.242 ***	− 0.004	0.996	− 0.058	0.944
城市归属感（无 = 参照）						
有	0.422	1.525 ***	0.304	1.355 *	0.236	1.267 *
身份认同（本地人 = 参照）						
老家人	− 0.936	0.392 ***	− 1.129	0.323 ***	− 1.156	0.315 ***
不知道自己是哪里人	− 0.058	0.943	− 0.304	0.738	− 0.924	0.397 ***
住房性质（非保障性 = 参照）						
保障性	0.277	1.320	− 0.496	0.609	1.943	6.980 *
社会保障数量	0.062	1.063 ***	0.008	1.008	− 0.118	0.889 **
常量	− 2.216	0.109 ***	0.170	1.185	0.742	2.101
Cox & Snell R^2	0.112		0.077		0.096	
Nagelkerke R^2	0.150		0.103		0.127	

注：＊＊＊、＊＊和＊分别表示在1%、5%和10%的水平上显著。

模型 2 表明，人力资本和心理资本对中部地区农民工市民化意愿有显著影响，但个体特征、社会资本和制度性因素对中部地区农民工市民化意愿无显著影响。人力资本方面，城市务工年限对中部地区农民工市民化意愿有显著影响，但受教育年限、是否接受职业技能培训和月收入对中部地区农民工市民化意愿无显著影响。城市务工年限对中部地区农民工市民化意愿有显著正影响，中部地区农民工在城市务工年限每增加一年，其有市民化意愿的可能性提高 1.9%。心理资本方面，城市归属感和身份认同均对中部地区农民工市民化意愿有显著影响。城市归属感对中部地区农民工市民化意愿有显著影响，以无城市归属感的中部地区农民工为参照，有城市归属感的中部地区农民工有市民化意愿的可能性提高 35.5%。身份认同对中部地区农民工市民化意愿有显著影响，以认为自己是本地人的中部地区农民工为参照，认为自己是老家人的中部地区农民工有市民化意愿的可能性仅为前者的 32.3%。

模型 3 表明，人力资本、社会资本、心理资本和制度性因素对西部地区农民工市民化意愿有显著影响，但个体特征对西部地区农民工市民化意愿无显著影响。人力资本方面，受教育年限和是否接受职业技能培训对西部地区农民工市民化意愿有显著影响，但城市务工年限和月收入（对数）对西部地区农民工市民化意愿无显著影响。受教育年限对西部地区农民工市民化意愿有显著正影响，西部地区农民工受教育年限每增加一年，其有市民化意愿的可能性提高 6.9%。是否接受职业技能培训对西部地区农民工市民化意愿有显著影响，以未接受职业技能培训的西部地区农民工为参照，接受职业技能培训的西部地区农民工有市民化意愿的可能性提高 24.5%。社会资本方面，就业途径对西部地区农民工市民化意愿有显著影响，但参加社会活动数量对西部地区农民工市民化意愿无显著影响。就业途径对西部地区农民工市民化意愿有显著影响，以就业时未使用社会网络的西部地区农民工为参照，就业时使用社会网络的西部地区农民工有市民化意愿的可能性仅为前者的 74.0%。心理资本方面，城市归属感和身份认同对西部地区农民工市民化意愿有显著影响。城市归属感对西部地区农民工市民化意愿有显著影响，以无城市归属感的西部地区农民工为参照，有城市归属感的西部地区农民工有市民化意愿的可能性提高 26.7%。身份认同对西部地区农民工市民化意愿有显著影响，以认为自己是本地人的西部地区农民工为参照，认为自己是老家人和不知道自己是哪里人的西部地区农民工有市民化意愿的可能性分别降低 68.5% 和 60.3%。制度性因素方面，住房性质和社会保障数量均对西部地区农民工市民化意愿有显著影响。住房性质对西部地区农民工市民化意愿有显著影响，以住房性质为非保障性住房的西部地区农民工为参照，住房性质为保障性住房的西部地区农民工有市民化意愿的可能性为前者的6.98倍。社会保障数量对西部地区农民工市民化意愿有显著负影响，西部地区农民工参加社会保障数量每增加一个，其有市民化意愿的可能性降低11.1%。

通过对东部、中部和西部地区农民工市民化意愿影响因素进行比较，发现三大区域农民工市民化意愿的影响因素呈现出相似性和差异性。相似性体现为东部、中部和西部地区农民工市民化意愿均受到心理资本（城市归属感和身份认同）的影响；差异性体现为婚姻状况、受教育年限、城市务工年限、是否接受职业技能培训、月收入、就业途径、参加社会活动数量、住房性质、社会保障数量对东部、中部和西部地区农民工市民化意愿产生不同影响。

婚姻状况对东部地区农民工市民化意愿有显著影响，但对中部和西部地区农民工市民化意愿无显著影响。对此可能的解释为，相较于中部和西部地区，东部地区经济较为发达，可为农民工提供较多的就业机会和具有较高收入的工作岗位，对农民工有较强的吸引力，但农民工在东部地区务工也需要承担更高的生活成本，如相对更高的房租、子女教育费用等。因此，对于东部地区农民工而言，相较于未婚者，已婚者可以由夫妻二人共同承担在城市生活的成本，相对减轻在城市生活的负担，因此婚姻状况对东部地区农民工市民化意愿有显著影响。受教育年限对东部和西部地区农民工市民化意愿有显著影响，但对中部地区农民工市民化意愿无显著影响。

城市务工年限对东部和中部地区农民工市民化意愿有显著影响，但对西部地区农民工市民化意愿无显著影响。对此可能的解释为，相较于东部和中部地区农民工，西部地区农民工在城市平均务工年限较短，且其群体内部城市务工年限差异也较小，因此务工年限的增加虽然对西部地区农民工市民化意愿有正向影响，但不具有统计上的显著性。是否接受职业技能培训对西部地区农民工市民化意愿有显著影响，但对东部和中部地区农民工市民化意愿无显著影响。

月收入（对数）对东部地区农民工市民化意愿有显著影响，但对中部和西部地区农民工市民化意愿无显著影响。对此可能的解释为，相较于中部和西部地区农民工，在东部地区务工的农民工需要有更高的收入才能负担高昂的城市生活成本，因此月收入仅对东部地区农民工市民化意愿有显著影响。

就业途径对东部和西部地区农民工市民化意愿有显著影响，但对中部地区农民工市民化意愿无显著影响。对此可能的解释为，农民工就业时对以血缘、亲缘和地缘为纽带的初级社会网络的利用，不仅阻碍了其与城市居民的交往和互动，同时也降低了其收入水平和市民化能力的提升，致使农民工难以实现市民化。相较于东部和西部地区农民工，中部地区农民工就业时使用社会网络的比例较低，因此就业时是否使用社会网络未对其市民化意愿构成影响。

参加社会活动数量对东部地区农民工市民化意愿有显著影响，但对中部和西部地区农民工市民化意愿无显著影响。对此可能的解释为，相较于中部和西部地区农民工，东部地区农民工社会活动参与程度较低。对于东部地区农民工而言，他们参加的社会活动数量越多，融入城市社会的程度也越高，市民化意愿也能由此得到提升；对于中部和西部地区农民工而言，他们的社会活动参与程度相对较高，因此参加社会活动数量对中部和西部地区农民工市民化意愿无显著影响。

住房性质对西部地区农民工市民化意愿有显著影响，但对东部和中部地区农民工市民化意愿无显著影响。对此可能的解释为，相较于东部和中部地区农民工，西部地区农民工租房比例最高，购买商品房的能力最低。因此，住房性质是否为保障性住房对西部地区农民工市民化意愿有显著影响。

社会保障数量对东部和西部地区农民工市民化意愿有显著影响，但对中部地区农民工市民化意愿无显著影响。值得注意的是，社会保障数量对东部地区农民工市民化意愿有显著正影响，但对西部地区农民工市民化意愿有显著负影响。对此可能的解释为，西部地区农民工平均月收入在三个地区之中是最低的，相对于有限的收入而言，农民工参加社会保障的数量越多，所需缴纳的参保费用也就越多，在城市生活的成本越高。因此，西部地区农民工参加社会保障数量越多反而降低其有市民化意愿的可能性。

二　农民工市民化能力影响因素的区域差异

（一）东部、中部和西部地区农民工市民化能力

就市民化能力而言，中部地区农民工市民化能力最强，西部地区次之，东部地区农民工市民化能力最弱。具体而言，中部地区农民工中有市民化能力的占 61.5%，西部地区农民工中有市民化能力的占 56.0%，东部地区农民工中有市民化能力的占 42.4%，见图8.13。

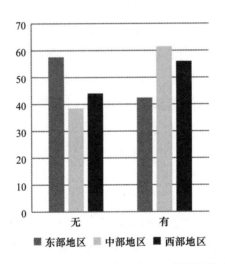

图 8.13　东部、中部和西部地区农民工市民化能力（%）

资料来源：原国家卫生和计划生育委员会 2013 年流动人口动态监测调查。

（二）农民工市民化能力影响因素的区域差异

表 8.14 报告了东部、中部和西部地区农民工市民化能力影响因素的模型结果。模型 1 表明，个体特征、人力资本、社会资本和流动特征均对东部地区农民工市民化能力有显著影响。个体特征方面，性

别对东部地区农民工市民化能力有显著影响，以女性东部地区农民工为参照，男性东部地区农民工有市民化能力的可能性为前者的 3.306 倍。人力资本方面，受教育年限和外出务工年限对东部地区农民工市民化能力有显著影响，但是否接受职业技能培训对东部地区农民工市民化能力无显著影响。受教育年限对东部地区农民工市民化能力有显著正影响，东部地区农民工受教育年限每增加一年，其有市民化能力的可能性提高 12.1%。外出务工年限对东部地区农民工市民化能力有显著正影响，东部地区农民工外出务工年限每增加一年，其有市民化能力的可能性提高 5.5%。社会资本方面，就业途径对东部地区农民工市民化能力有显著影响，以就业时未使用社会网络的东部地区农民工为参照，就业时使用社会网络的东部地区农民工有市民化能力的可能性仅为前者的 78.5%。流动特征方面，流动范围对东部地区农民工市民化能力有显著影响，以省内流动的东部地区农民工为参照，跨省流动的东部地区农民工有市民化能力的可能性提高 14.8%。

表8.14　农民工市民化能力影响因素的区域差异模型结果

	模型 1（东部地区）		模型 2（中部地区）		模型 3（西部地区）	
	B	Exp（B）	B	Exp（B）	B	Exp（B）
性别（女性 = 参照）男性	1.196	3.306 ***	0.966	2.628 ***	1.014	2.757 ***
受教育年限	0.115	1.121 ***	0.038	1.039 **	0.031	1.032
职业技能培训	0.002	1.002	− 0.170	0.844 *	0.195	1.216
外出务工年限	0.053	1.055 ***	0.028	1.029 ***	0.053	1.054 ***
就业途径（未使用社会网络 = 参照）使用社会网络	− 0.242	0.785 ***	− 0.133	0.875	− 0.138	0.871
流动范围（省内流动 = 参照）跨省流动	0.138	1.148 **	0.319	1.376 ***	0.342	1.408 ***
常量	− 2.557	0.078 ***	− 0.645	0.525 ***	− 1.159	0.314 ***

续表

	模型 1 (东部地区)		模型 2 (中部地区)		模型 3 (西部地区)	
	B	Exp（B）	B	Exp（B）	B	Exp（B）
Cox & Snell R^2	0.123		0.069		0.088	
Nagelkerke R^2	0.165		0.093		0.118	

注：＊＊＊、＊＊和＊分别表示在1%、5%和10%的水平上显著。

模型 2 表明，个体特征、人力资本和流动特征对中部地区农民工市民化能力有显著影响，但社会资本对中部地区农民工市民化能力无显著影响。个体特征方面，性别对中部地区农民工市民化能力有显著影响，以女性中部地区农民工为参照，男性中部地区农民工有市民化能力的可能性为前者的 2.628 倍。人力资本方面，受教育年限、职业技能培训和外出务工年限均对中部地区农民工市民化能力有显著影响。受教育年限对中部地区农民工市民化能力有显著正影响，中部地区农民工受教育年限每增加一年，其有市民化能力的可能性提高 3.9%。职业技能培训对中部地区农民工市民化能力有显著影响，以未接受职业技能培训的中部地区农民工为参照，接受职业技能培训的中部地区农民工有市民化能力的可能性仅为前者的 84.4%。外出务工年限对中部地区农民工市民化能力有显著正影响，中部地区农民工外出务工年限每增加一年，其有市民化能力的可能性提高 2.9%。流动特征方面，流动范围对中部地区农民工市民化能力有显著影响，以省内流动的中部地区农民工为参照，跨省流动的中部地区农民工有市民化能力的可能性提高 37.6%。

模型 3 表明，个体特征、人力资本和流动特征对西部地区农民工市民化能力有显著影响，但社会资本对西部地区农民工市民化能力无显著影响。个体特征方面，性别对西部地区农民工市民化能力有显著影响，以女性西部地区农民工为参照，男性西部地区农民工有市民化能力的可能性为前者的 2.757 倍。人力资本方面，外出务工年限对西部地区农民工市民化能力有显著影响，但受教育年限和职业技能培训对西部地区农民工市民化能力无显著影响。外出务工年限对西部地区农民工市民化能力有显著正影响，西部地区农民工外出务工年限每增加一年，其有市民化能力的可能性提高5.4%。流动特征方面，流动范围对西部地区农民工市民化能力有显著影响，以省内流动的西部地区农民工为参照，跨省流动的西部地区农民工有市民化能力的可能性提高40.8%。

从个体特征、人力资本、社会资本和流动特征几个维度对东部、中部和西部地区农民工市民化能力的影响因素进行比较，发现东部、中部和西部地区农民工市民化能力的影响因素呈现出相似性和差异性。相似性体现为性别、外出务工年限和流动范围对东部、中部和西部地区农民工市民化能力均有显著影响；差异性体现为受教育年限、职业技能培训、就业途径对东部、中部和西部地区农民工市民化能力产生不同影响。

受教育年限对东部和中部地区农民工市民化能力有显著影响，但对西部地区农民工市民化能力无显著影响。农民工受教育年限越长，人力资本存量越高，市民化能力越强。据本次调查，东部和中部地区农民工平均受教育年限相对低于西部地区农民工，因而受教育年限对于市民化能力提升的促进作用对于东部和中部地区农民工更为显著。因此，受教育年限仅对东部和中部地区农民工市民化能力有显著影响，而对西部地区农民工市民化能力无显著影响。

职业技能培训对中部地区农民工市民化能力有显著影响，但对东部和西部地区农民工市民化能力无显著影响。一般认为，相较于市民，农民工受教育程度普遍偏低，人力资本存量不足，在城市劳动力市场中缺乏竞争力，往往从事城里人不愿意从事的"苦、脏、累、险"的工作岗位。因此，农民工接受职业技能培训可作为对正规教育的补充从而继续人力资本积累的过程，其收入水平和市民化能力也会由此得到提升。然而，对于中部地区农民工而言，接受职业技能培训反而降低了其市民化能力，这与已有研究结论相反。这可能是由于农民工所接受的职业技能培训针对性不强，与其工作岗位所需要的劳动技能不符；同时，从间接成本的角度来看，农民工可能会因接受职业培训而损失获得收入的机会，因此接受职业技能培训不仅没有对中部地区农民工市民化能力的提升带来促进作用，反而降低了其市民化能力。

社会资本（就业途径）对东部地区农民工市民化能力有显著影响，但对中部和西部地区农民工市民化能力无显著影响。如前文所分析，相较于其他就业途径（未使用社会网络），使用社会网络所找到的工作收入更低，进而降低了农民工市民化能力。但就业时使用社会网络仅对东部地区农民工市民化能力有显著影响，而对中部和西部地区农民工市民化能力无显著影响，可能是由于相较于中部和西部地区，东部地区农民工使用社会网络找工作的比例更高，因而社会网络的使用对其收入和市民化能力的提升带来的制约作用更大。相比之下，中部和西部地区农民工就业时使用社会网络的比例较低，因此就业途径对中部和西部地区农民工市民化能力无显著影响。

第五节　本章小结

本章对东部、中部和西部地区经济发展和城镇化水平，东部、中部和西部地区农民工基本特征、市民化状况和市民化影响因素进行比较分析，主要结论如下：

第一，东部、中部和西部地区农民工基本特征的相似性和差异性。

就性别而言，东部、中部和西部地区农民工性别构成均以男性为主，但西部地区男性比例最高，其次是中部地区，东部地区农民工男性比例最低。就年龄构成而言，东部、中部和西部地区农民工年龄最集中的几个年龄组依次为25—24岁、35—44岁和15—24岁；就平均年龄而言，中部地区农民工平均年龄最高，西部地区次之，而东部地区农民工平均年龄最低。就教育程度而言，东部、中部和西部地区农民工教育程度均以初中为主，但中部和西部地区农民工受教育程度相对高于东部地区农民工。就婚姻状况而言，东部、中部和西部地区农民工婚姻状况均以已婚为主，但中部地区农民工已婚比例最高，东部地区次之，西部地区农民工已婚比例最低。就流动范围而言，东部地区农民工以跨省流动为主，中部地区农民工以省内跨市流动为主，而西部地区农民工流向分布则相对均衡。就来源地而言，东部地区农民工来源地主要集中在安徽省、江苏省和河南省，中部地区农民工来源地主要集中在湖南省和湖北省，西部地区农民工来源地主要集中在陕西省，东部、中部和西部地区农民工均呈现出在各自区域内部转移的特征，但这种特征在中部和西部地区农民工上体现得尤为明显。

第二，东部、中部和西部地区农民工市民化状况的相似性和差异性。

经济活动层面，就行业分布而言，东部地区农民工主要集中在第二产业中的制造业，而中部和西部地区农民工则主要集中在第三产业中的批发零售业、住宿餐饮业和社会服务业。就劳动时间而言，东部、中部和西部地区农民工平均劳动时间差异不大，东部、中部和西部地区农民工均存在超时劳动情况，但西部地区农民工超时劳动比例更高。就劳动合同签订状况而言，东部地区农民工与用人单位签订劳动合同的比例更高，中部地区次之，西部地区农民工与用人单位签订劳动合同的比例最低。就月收入而言，中部地区农民工个人月收入和家庭月收入最高，东部地区次之，西部地区农民工个人月收入和家庭月收入最低。就消费情况而言，中部地区农民工家庭月消费水平在三个地区之中是最高的；东部地区农民工家庭每月食品支出相对较高；中部地区农民工家庭每月房租支出相对较高。

基本公共服务层面，就住房性质而言，租住私房是东部、中部和西部地区农民工解决住房问题的主要渠道。就居住环境而言，东部地区农民工超过半数居住在农村社区，中部地区农民工主要居住在城乡接合部和未经改造的老城区，西部地区农民工主要居住在城中村或棚户区和城乡接合部。就社会保障状况而言，东部、中部和西部地区农民工参加城镇各项社会保险的比例依次降低，东部地区农民工社会保障状况最好，中部地区次之，西部地区农民工社会保障状况相对较差。就职业技能培训状况而言，中部地区农民工接受职业技能培训的比例最高，西部地区次之，东部地区农民工接受职业技能培训的比例最低。

社会融入层面，就社会组织参与情况而言，东部地区农民工参与频次最高的两个社会组织分别为工会和老乡会，中部地区农民工参与频次最高的社会组织依次为老乡会、志愿者协会和同学会，西部地区农民工参与频次最高的社会组织依次为老乡会、同学会、志愿者协会和工会。就社会活动参与情况而言，社区文体活动和社会公益活动是东部、中部和西部地区农民工参与频次最高的两项社会活动。就交往对象而言，东部、中部和西部地区农民工交往对象均以一起出来打工的亲戚、一起出来打工的同乡和其他一起打工的朋友为主；中部和西部地区农民工交往对象为本地户籍亲戚和本地同学的比例高于东部地区农民工；西部地区农民工交往对象为本地户籍同事的比例最高。就困难求助对象而言，东部、中部和西部地区农民工困难求助对象均以一起出来打工的亲戚、一起出来打工的同乡和其他一起打工的朋友为主；中部和西部地区农民工困难求助对象为村/居委会、物业人员、房东的比例高于东部地区农民工；西部地区农民工困难求助对象为本地同学的比例最高。就城市归属感而言，东部、中部和西部地区农民工城市归属感均较为强烈，但中部地区农民工城市归属感相对更强。就身份认同而言，中部地区农民工身份认同状况最好，西部地区农民工次之，东部地区农民工身份认同状况相对较差。

第三，东部、中部和西部地区农民工市民化及影响因素的相似性和差异性。

就市民化意愿而言，农民工市民化意愿呈现出东部地区最高、西部地区次之、中部地区最低的区域特征。东部、中部和西部地区农民工市民化意愿影响因素呈现出相似性和差异性。相似性体现为东部、中部和西部地区农民工市民化意愿均受到心理资本（城市归属感和身份认同）的影响。差异性体现为婚姻状况仅对东部地区农民工市民化意愿有显著影响；受教育年限仅对东部和西部地区农民工市民化意愿有显著影响；城市务工年限仅对东部和中部地区农民工市民化意愿有显著影响；是否接受职业技能培训仅对西部地区农民工市民化意愿有显著影响；月收入（对数）仅对东部地区农民工市民化意愿有显著影响；就业途径仅对东部和西部地区农民工市民化意愿有显著影响；参加社会活动数量仅对东部地区农民工市民化意愿有显著影响；住房性质仅对西部地区农民工市民化意愿有显著影响；社会保障数量仅对东部和西部地区农民工市民化意愿有显著影响。值得注意的是，社会保障数量对东部地区农民工市民化意愿有显著正影响，但对西部地区农民工市民化意愿有显著负影响。

就市民化能力而言，中部地区农民工市民化能力最强，西部地区次之，东部地区农民工市民化能力最弱。东部、中部和西部地区农民工市民化能力的影响因素呈现出相似性和差异性。相似性体现为性别、外出务工年限和流动范围对东部、中部和西部地区农民工市民化能力均有显著影响。差异性体现为人力资本中的受教育年限对东部和中部地区农民工市民化能力有显著影响，但对西部地区农民工市民化能力无显著影响；职业技能培训对中部地区农民工市民化能力有显著影响，但对东部和西部地区农民工市民化能力无显著影响。社会资本（就业途径）对东部地区农民工市民化能力有显著影响，但对中部和西部地区农民工市民化能力无显著影响。

第九章 主要结论与政策建议

第一节 主要结论

一 农民工市民化现状的相似性和差异性

基于国家统计局《农民工监测调查报告》和人社部《人力资源和社会保障事业发展统计公报》，从经济活动、基本公共服务和社会融入三个维度对农民工市民化现状进行分析。主要结论如下：

就经济活动层面的市民化现状而言，农民工就业行业主要集中在第二产业中的制造业、建筑业，第三产业中的批发和零售业、居民服务、修理和其他服务业；普遍存在劳动时间长、超时劳动现象；劳动合同签订率低；收入水平与城镇职工相比存在较大差距。

就基本公共服务层面的市民化现状而言，农民工接受职业技能培训的比例较低；城镇各项社会保险对农民工的覆盖率较低；农民工基本游离于城镇住房保障体系之外，租住房屋依然是其解决住房问题的主要渠道，居住面积较小且缺乏必要的生活设施。

就社会融入层面的市民化现状而言，农民工的交往对象和困难求助对象仍以亲戚、老乡和朋友为主，社会网络关系仍以亲缘、血缘和地缘为基础的初级社会网络关系为主，但他们也逐渐构建起以同事为基础的业缘关系网络。农民工社会组织参与程度不高；业余生活以娱乐型为主，社会活动参与程度不高；他们对城市有着较强的归属感，但身份认同状况较差，甚至呈现出身份认同模糊化现象。

此外，不同农民工子群体在不同维度的市民化状况上呈现出相似性和差异性。

二　农民工市民化意愿影响因素的相似性和差异性

就市民化意愿的影响因素而言，本研究从个体特征（性别和婚姻状况）、人力资本（受教育年限、城市务工年限和职业技能培训）、社会资本（就业途径和参加社会活动数量）、心理资本（城市归属感和身份认同）和制度性因素（住房性质和参加社会保障数量）几个维度对农民工群体、不同代际（老一代和新生代）农民工群体、不同就业方式（自雇就业和受雇就业）农民工群体和不同区域（东部、中部和西部地区）农民工群体市民化意愿的影响因素进行比较分析，结果发现：

对于农民工群体而言，受教育年限、城市务工年限、月收入（对数）、就业途径、城市归属感、身份认同、住房性质和参加社会保障数量是影响其市民化意愿的因素。值得注意的是，不同代际、不同就业方式和不同区域农民工子群体在市民化意愿的影响因素上呈现出相似性和差异性。

对于不同代际农民工群体而言，相似性体现在：老一代农民工和新生代农民工市民化意愿均受到受教育年限、城市务工年限、就业途径、城市归属感、身份认同、参加社会保障数量的影响。差异性体现在：月收入（对数）对新生代农民工市民化意愿有显著影响，但对老一代农民工市民化意愿无显著影响；参加社会活动数量对新生代农民工市民化意愿有显著影响，但对老一代农民工市民化意愿无显著影响；住房性质对老一代农民工市民化意愿有显著影响，但对新生代农民工市民化意愿无显著影响。

对于不同就业方式农民工群体而言，相似性体现在：城市务工年限、就业途径、城市归属感、身份认同和参加社会保障数量对自雇就业农民工和受雇就业农民工市民化意愿均有显著影响。差异性体现在：婚姻状况、受教育年限、参加社会活动数量和住房性质对受雇就业农民工市民化意愿有显著影响，但对自雇就业农民工市民化意愿无

显著影响；而月收入（对数）对自雇就业农民工市民化意愿有显著
影响，但对受雇就业农民工市民化意愿无显著影响。

对于不同区域农民工群体而言，相似性体现在：城市归属感和身
份认同对东部、中部和西部地区农民工市民化意愿均有显著影响。差
异性体现在：婚姻状况对东部地区农民工市民化意愿有显著影响，但
对中部和西部地区农民工市民化意愿无显著影响；受教育年限对东部
和西部地区农民工市民化意愿有显著影响，但对中部地区农民工市民
化意愿无显著影响；城市务工年限对东部和中部地区农民工市民化意
愿有显著影响，但对西部地区农民工市民化意愿无显著影响；月收入
（对数）对东部地区农民工市民化意愿有显著影响，但对中部和西部
地区农民工市民化意愿无显著影响；职业技能培训对西部地区农民工
市民化意愿有显著影响，但对东部和中部地区农民工市民化意愿无显
著影响；就业途径对东部和西部地区农民工市民化意愿有显著影响，
但对中部地区农民工市民化意愿无显著影响；参加社会活动数量对东
部地区农民工市民化意愿有显著影响，但对中部和西部地区农民工市
民化意愿无显著影响；住房性质对西部地区农民工市民化意愿有显著
影响，但对东部和中部地区农民工市民化意愿无显著影响；参加社会
保障数量对东部和西部地区农民工市民化意愿有显著影响，但对中部
地区农民工市民化意愿无显著影响。

此外，本研究还发现，心理资本，即城市归属感和身份认同对农
民工群体、不同代际农民工群体、不同就业方式农民工群体和不同区
域农民工群体市民化意愿均有显著影响。因此，提高农民工城市归属
感和身份认同感对于提升农民工市民化意愿具有更实质性的影响。

三　农民工市民化能力影响因素的相似性和差异性

就农民工市民化能力的影响因素而言，本书从个体特征（性别）、
人力资本（受教育年限、外出务工年限和职业技能培训）、社会资本
（就业途径）和流动特征（流动范围）几个维度对农民工群体、不同
代际农民工群体、不同就业方式农民工群体和不同区域农民工群体市

民化能力的影响因素进行比较分析，结果发现：

对于农民工群体而言，性别、受教育年限、外出务工年限、就业途径和流动范围对农民工市民化能力有显著影响。值得注意的是，不同代际、不同就业方式和不同区域农民工子群体在市民化能力的影响因素上呈现出相似性和差异性。

对于不同代际农民工群体而言，老一代农民工和新生代农民工在市民化能力的影响因素上呈现出高度相似性：性别、受教育年限、外出务工年限、就业途径和流动范围对老一代农民工和新生代农民工市民化能力均有显著影响。

对于不同就业方式农民工群体而言，相似性体现在：性别和受教育年限对自雇就业农民工和受雇就业农民工市民化能力均有显著影响。差异性体现在：外出务工年限对受雇就业农民工市民化能力有显著影响，但对自雇就业农民工市民化能力无显著影响；流动范围对受雇就业农民工市民化能力有显著正影响，但对自雇就业农民工市民化能力有显著负影响。

对于不同区域农民工群体而言，相似性体现在：性别、外出务工年限和流动范围对东部、中部和西部地区农民工市民化能力均有显著影响。差异性体现在：受教育年限对东部和中部地区农民工市民化能力有显著影响，但对西部地区农民工市民化能力无显著影响；职业技能培训对中部地区农民工市民化能力有显著影响，但对东部和西部地区农民工市民化能力无显著影响。社会资本（就业途径）对东部地区农民工市民化能力有显著影响，但对中部和西部地区农民工市民化能力无显著影响。

四　农民工市民化能力整体上滞后于市民化意愿

研究表明，农民工市民化能力整体上滞后于市民化意愿，对于农民工总体而言，有市民化能力的占比低于有市民化意愿的占比3个百分点。对于不同农民工子群体而言，新生代农民工、受雇就业农民工和东部地区农民工市民化能力明显滞后于市民化意愿，上述子群体有市民化能力的占比分别低于有市民化意愿的占比 6 个百分点、10.6 个百分点和 10.7 个百分点。相比之下，老一代农民工、自雇就业农民工和中西部地区农民工市民化能力则较强，与其市民化意愿较为匹配，上述子群体有市民化能力的占比分别高出有市民化意愿的占比 1.4 个百分点、13.3 个百分点、13.2 个百分点和 4.7 个百分点。

第二节　政策建议

本书基于农民工内部分化的视角，对不同农民工子群体的市民化状况和市民化影响因素进行比较研究，发现不同农民工子群体的市民化状况和市民化影响因素呈现出相似性和差异性，即不同农民工子群体在市民化问题上既有亟待解决的共性问题，也有各群体面临的个性问题。因此，在政策制定上应按照分群体、有序的原则，对于农民工在市民化问题上面临的共性问题提出统一的政策，而对于不同农民工子群体在市民化问题上面临的个性问题提出差异化政策。

一　增强农民工城市归属感，强化农民工"本地人"身份认同

研究表明，城市归属感和身份认同对于农民工以及不同农民工子群体的市民化意愿均有显著影响。因此，提升农民工城市归属感、强化农民工"本地人"身份认同对于顺利推进农民工市民化具有更实质性的影响。

就城市归属感而言，由于农民工在城市务工能够获得相较于在农村务农更高的收入，因此他们往往对打工所在城市有着较为强烈的归属感。然而，就身份认同而言，农民工自身对初级社会网络较强的依赖性以及城市居民对农民工所持有的排斥态度，导致农民工难以实现"本地人"的身份认同，甚至在身份认同上还呈现出模糊化现象。从农民工自身来看，他们在城市就业和生活过程中较多地依赖以血缘、亲缘和地缘为纽带的初级社会网络，限制了其与市民的交往和互动，难以实现"本地人"的身份认同。从城市居民来看，他们往往对农

民工持有一种排斥的态度，使农民工与城市居民和城市社会产生隔阂，不利于农民工实现"本地人"的身份认同。

因此，农民工自身应逐渐构建以业缘、友缘等为纽带的次级社会网络，增强其与城市居民的交往和互动，强化其融入城市的深度，逐渐实现"本地人"的身份认同，进而使自身市民化意愿得到提升。同时，城市居民应正视农民工为城市社会经济发展所作出的贡献，对农民工持有更加开放和包容的态度，以增强农民工对于"本地人"的身份认同，进而提高其市民化意愿。

二　加强农民工人力资本开发，夯实农民工市民化的素质基础

研究表明，受教育程度对于农民工以及不同农民工子群体（西部地区农民工除外）的市民化能力均有显著影响。因此，提高农民工受教育程度，加强农民工人力资本开发，夯实农民工市民化的素质基础，对于提高农民工市民化能力具有重要影响。

相较于农村未流出的农民，进城务工的农民工受教育水平相对较高。然而，相较于城市居民，农民工受教育水平则普遍较低，人力资本存量较低，在劳动力市场中处于劣势地位，难以获得具有较高收入工作岗位的机会，制约了其市民化能力的提升。因此，应加大农村地区义务教育的普及力度，提高农民工受教育程度，提高其在劳动力市场中的竞争力，提高农民工在城市获得具有较高收入工作岗位的可能性，进而提高农民工实现市民化的能力。

三　尽快将农民工纳入城镇社会保障体系和城镇住房保障体系

在社会保障方面，虽然《社会保险法》从法律上为农民工参加社会保险和享受社会保险待遇的合法权益提供了保障。但从实际情况来看，农民工整体上参加城镇各项社会保险的比例较低，抵御社会风险的能力较差，不利于其市民化意愿的提升。就农民工子群体而言，新生代农民工、受雇就业农民工和东部地区农民工参加城镇社会保险的比例相对较高，而老一代农民工、自雇就业农民工和中西部地区农民

工参加城镇各项社会保险的比例较低，在城市就业和生活相对缺乏保障。因此，应尽快将农民工纳入城镇社会保障体系。同时，重点改善老一代农民工、自雇就业农民工和中西部地区农民工的社会保障问题，提升上述群体抵御社会风险的能力，为其在城市生活解决后顾之忧。

在住房保障方面，虽然党中央、国务院近年来高度重视农民工住房问题，出台了一系列政策措施改善农民工在城市的住房问题。但从实际情况来看，城镇住房保障体系基本没有惠及农民工群体。同时，城市高额的房价与农民工相对偏低的工资水平形成了较大反差，大多数农民工尚不具备在城市购买商品房的能力。因此，租住房屋成为农民工解决居住问题的主要渠道，由于收入有限，他们租住的房屋往往面积较小、居住条件较差，且主要是居住在城乡接合部、城中村或棚户区，与城市居民产生了居住隔离。因此，应尽快将农民工纳入城镇住房保障体系，采取廉租房、公租房和经济适用房等多种渠道改善农民工住房问题。

四 减少农民工对初级社会网络的依赖，逐渐构建次级社会网络

研究表明，农民工在就业时对于以亲缘、血缘和地缘为纽带的初级社会网络的依赖，不仅降低了其市民化意愿，也制约了其市民化能力的提升。因此，农民工应减少对于初级社会网络的依赖，逐渐构建以业缘、友缘为纽带的次级社会网络，扩大与城市居民的交往和互动，使自身市民化意愿和市民化能力得到提升，从而实现市民化。

五 合理提高农民工工资水平

进城务工能够获得相较于在农村务农更高的收入，是农民工进城务工的经济动因，也是农民工进城务工的最主要动因。然而，农民工收入水平与城市居民相比仍存在较大差距，农民工工资水平约相当于同期城镇单位在岗职工工资水平的56.96%。相对偏低的收入水平对农民工市民化能力的提升构成了制约，使他们难以负担自身及其家庭在城市生活的成本。研究表明，新生代农民工、受雇就业农民工工资水平相对较低，市民化能力相对较弱。因此，应合理提高农民工（特别是新生代农民工、受雇就业农民工）工资水平，从而提升其实现市民化的能力。

六　鼓励农民工根据自身条件合理作出市民化决策

研究表明，农民工市民化能力明显滞后于市民化意愿，农民工普遍有较为强烈的市民化意愿，但实现市民化的能力却明显不足。农民工在主观上是否具有市民化意愿对于市民化的顺利实现具有重要的影响，但市民化（城市化）本身也是一种屏蔽机制，高昂的城市生活成本将收入低微的农民工阻挡在城市生活的门外①，因此农民工是否具备市民化能力是农民工能否实现市民化的客观条件。农民工即使有较为强烈的市民化意愿，但受市民化能力不足的制约也无法实现市民化。值得注意的是，就农民工子群体而言，新生代农民工、受雇就业农民工和东部地区农民工市民化能力明显滞后于市民化意愿；而老一代农民工、自雇就业农民工和中西部地区农民工市民化能力则相对较强。因此，应鼓励农民工（特别是新生代农民工、受雇就业农民工和东部地区农民工）根据自身对于市民化的诉求（市民化意愿）和实现市民化的条件（市民化能力），合理作出市民化决策。

---

① 甘满堂：《社会学的"内卷化"理论与城市农民工问题》，《福州大学学报》（哲学社会科学版）2005 年第 1 期。

参考文献

一 中文

1. 专著

长沙市统计局、国家统计局长沙调查队:《长沙统计年鉴 2014》,中国统计出版社 2014 年版。

风笑天、陈万柏:《社会学》,华中师范大学出版社 1994 年版。

国家卫生和计划生育委员会流动人口司:《中国流动人口发展报告 2014》,中国人口出版社 2015 年版。

国家卫生和计划生育委员会流动人口司:《中国流动人口发展报告 2017》,中国人口出版社 2018 年版。

国务院发展研究中心课题组:《农民工市民化:制度创新与顶层设计》,中国发展出版社 2011 年版。

国务院农民工办课题组:《中国农民工发展研究》,中国劳动社会保障出版社 2013 年版。

国务院研究室课题组:《中国农民工调研报告》,中国言实出版社 2006 年版。

李斌:《社会学》,武汉大学出版社 2009 年版。

李强:《农民工与中国社会分层》,社会科学文献出版社 2004 年版。

李仲生:《欧美人口经济学说史》,世界图书出版公司 2013 年版。

林聚任、刘玉安:《社会科学研究方法》,山东人民出版社 2004 年版。

刘传江、程建林、董延芳:《中国第二代农民工研究》,山东人民出版社 2009 年版。

陆学艺：《当代中国社会流动》，社会科学文献出版社 2004 年版。

泉州市地方志编纂委员会：《泉州年鉴 2014》，方志出版社 2014 年版。

上海市松江区统计局、国家统计局松江调查队：《松江统计年鉴 2014》，中国统计出版社 2014 年版。

苏州市统计局、国家统计局苏州调查队：《苏州统计年鉴 2014》，中国统计出版社 2014 年版。

孙建军、成颖、邵佳宏、徐美凤：《定量分析方法》，南京大学出版社 2002 年版。

无锡市统计局、国家统计局无锡调查队：《无锡统计年鉴 2014》，中国统计出版社 2014 年版。

武汉市统计局、国家统计局武汉调查队：《武汉统计年鉴 2014》，中国统计出版社 2014 年版。

西安市统计局、国家统计局西安调查队：《西安统计年鉴 2014》，中国统计出版社 2014 年版。

咸阳市统计局：《咸阳统计年鉴 2013》，中国统计出版社 2013 年版。

许晓东：《定量分析方法》，华中科技大学出版社 2008 年版。

尹豪：《人口学导论》，中国人口出版社 2006 年版。

张培刚、张建华：《发展经济学》，北京大学出版社 2009 年版。

郑杭生：《社会学概论新修精编本》，中国人民大学出版社 2014 年版。

中华人民共和国国家统计局：《中国发展报告》，中国统计出版社 2011 年版。

中华人民共和国国家统计局：《中国统计年鉴 2017》，中国统计出版社 2017 年版。

中华人民共和国国务院发展研究中心课题组：《农民工市民化：制度创新与顶层政策设计》，中国发展出版社 2011 年版。

　2. 期刊

曹永福、杨梦婕、宋月萍：《农民工自我雇佣与收入：基于倾向得分的实证分析》,《中国农村经济》2013 年第 10 期。

陈丰:《从"虚城市化"到市民化:农民工城市化的现实路径》,《社会科学》2007 年第 2 期。

陈辉、熊春文:《关于农民工代际划分问题的讨论——基于曼海姆的代的社会学理论》,《中国农业大学学报》(社会科学版)2011 年第 28 卷第 4 期。

陈立兵:《国外自雇理论研究述评》,《理论月刊》2011 年第 1 期。

陈微微:《对女性农民工社会保障问题的法律思考》,《湖北财经高等专科学校学报》2005 年第 4 期。

陈文超:《制度转型与农民工自雇选择的行动空间》,《发展研究》2013 年第 8 期。

陈延秋、金晓彤:《新生代农民工市民化意愿影响因素的实证研究——基于人力资本、社会资本和心理资本的考察》,《西北人口》2014 年第 4 期。

陈映芳:《"农民工":制度安排与身份认同》,《社会学研究》2005 年第 3 期。

陈宇琳:《特大城市外来自雇经营者市民化机制研究——基于北京南湖大棚市场的调查》,《广东社会科学》2015 年第 2 期。

陈昭玖、胡雯:《人力资本、地缘特征与农民工市民化意愿——基于结构方程模型的实证分析》,《农业技术经济》2016 年第 1 期。

仇立平:《职业地位:社会分层的指示器——上海社会结构与社会分层研究》,《社会学研究》2001 年第 3 期。

邓大才:《农民打工:动机与行为逻辑——劳动力社会化的动机—行为分析框架》,《社会科学战线》2008 年第 9 期。

丁静:《提高新生代农民工市民化能力的思考》,《郑州大学学报》(哲学社会科学版)2014 年第 3 期。

风笑天:《"落地生根"?——三峡农村移民的社会适应》,《社会学研究》2004 年第 5 期。

甘满堂:《社会学的"内卷化"理论与城市农民工问题》,《福州大学学报》（哲学社会科学版）2005 年第 1 期。

龚文海：《国内农民工群体异质性问题研究述评》，《人口与发展》
2012 年第 18 卷第 5 期。

辜胜阻、李睿、曹誉波：《中国农民工市民化的二维路径选择——以
户籍改革为视角》，《中国人口科学》2014 年第 5 期。

顾澄龙、周应恒、严斌剑：《住房公积金制度、房价与住房福利》，
《经济学》（季刊）2016 年第 1 期。

国务院发展研究中心课题组：《农民工市民化进程的总体态势与战略
取向》，《改革》2011 年第 5 期。

韩长赋：《中国农民工发展趋势与展望》，《经济研究》2006 年第
12 期。

韩俊、崔传义、金三林：《现阶段我国农民工流动和就业的主要特
点》，《发展研究》2009 年第 4 期。

何晓红：《和谐社会构建中女性农民工市民化障碍探析》，《商业研
究》2007 年第 1 期。

侯风云：《中国农村人力资本收益率研究》，《经济研究》2004 年第
12 期。

黄锟：《城乡二元制度对农民工市民化影响的实证分析》，《中国人
口·资源与环境》2011 年第 21 卷第 3 期。

黄乾：《两种就业类型农民工工资收入差距的比较研究》，《财经问题
研究》2009 年第 6 期。

黄祖辉、顾益康、徐加：《农村工业化、城市化和农民市民化》，《经
济研究》1989 年第 3 期。

黄祖辉、钱文荣、毛迎春：《进城农民在城镇生活的稳定性及市民化
意愿》，《中国人口科学》2004 年第 2 期。

江立华：《城乡一体化背景下的农民工转型：一个新议题》，《社会科
学研究》2009 年第 6 期。

姜作培：《六统一：农民市民化的对策选择》，《云南财贸学院学报》
2003 年第 19 卷第 1 期。

姜作培：《农民市民化：制约因素及突破思路分析》，《浙江社会科学》2003 年第 6 期。

解雨巷：《中国非农自雇活动的持续期：基于单风险和竞争风险模型的分析》，《南方经济》2012 年第 11 期。

李静、李逸飞、周孝：《迁移类型、户籍身份与工资收入水平》，《经济理论与经济管理》2017 年第 11 期。

李练军、曹小霞：《基于分层视角的我国农民工市民化问题研究》，《农业经济》2012 年第 11 期。

李练军：《中小城镇新生代农民工市民化意愿影响因素研究——基于江西省 1056 位农民工的调查》，《调研世界》2015 年第 3 期。

李良进、风笑天：《试论城市农民工的社会支持系统》，《岭南学刊》2003 年第 1 期。

李路路：《论社会分层研究》，《社会学研究》1999 年第 1 期。

李培林、李炜：《近年来农民工的经济状况和社会态度》，《中国社会科学》2010 年第 1 期。

李培林：《流动民工的社会网络和社会地位》，《社会学研究》1996 年第 4 期。

李培林、田丰：《中国农民工社会融入的代际比较》，《社会》2012 年第 32 卷第 5 期。

李强：《当前我国城市化和流动人口的几个理论问题》，《江苏行政学院学报》2002 年第 1 期。

李强：《非正规就业视角下农民工市民化的现实困境与路径选择》，《城市问题》2016 年第 1 期。

李强：《论农民和农民工的主动市民化与被动市民化》，《河北学刊》2013 年第 33 卷第 4 期。

李强：《试析社会分层的十种标准》，《学海》2006 年第 4 期。

李强、唐壮：《城市农民工与城市中的非正规就业》，《社会学研究》2002 年第 6 期。

李群、吴晓欢、米红：《中国沿海地区农民工社会保险的实证研究》，

《中国农村经济》2005 年第 3 期。

李炜：《社会流动的影响因素》，《中国党政干部论坛》2004 年第
　8 期。

李中建、袁璐璐：《务工距离对农民工就业质量的影响分析》，《中国
　农村经济》2017 年第 6 期。

林李月、朱宇：《中国城市流动人口户籍迁移意愿的空间格局及影响
　因素——基于 2012 年全国流动人口动态监测调查数据》，《地理学
　报》2016 年第 71 卷第 10 期。

林竹：《农民工市民化能力生成机理分析》，《南京工程学院学报》
　（社会科学版）2016 年第 16 卷第 1 期。

刘传江、程建林：《我国农民工的代际差异与市民化》，《经济纵横》
　2007 年第 7 期。

刘传江：《迁徙条件、生存状态与农民工市民化的现实进路》，《改
　革》2013 年第 4 期。

刘传江、徐建玲：《第二代农民工及其市民化研究》，《中国人口·资
　源与环境》2007 年第 17 卷第 1 期。

刘传江、徐建玲：《"民工潮"与"民工荒"——农民工劳动供给行
　为视角的经济学分析》，《财经问题研究》2006 年第 5 期。

刘传江：《中国农民工市民化研究》，《理论月刊》2006 年第 10 期。

刘士杰：《人力资本、职业搜寻渠道、职业流动对农民工工资的影
　响——基于分位数回归和 OLS 回归的实证分析》，《人口学刊》
　2011 年第 5 期。

刘同山、张云华、孔祥智：《市民化能力、权益认知与农户的土地退
　出意愿》，《中国土地科学》2013 年第 11 期。

刘玉侠：《城市化进程中农民工群体分化与相关社会公助问题研究》，
　《浙江学刊》2009 年第 3 期。

刘兆征：《农业转移人口市民化的意愿、障碍及对策——基于山西的
　调查分析》，《国家行政学院学报》2016 年第 3 期。

刘祖云：《论社会流动的基本类型及其社会意义》，《社会科学研究》

1991 年第 2 期。

陆学艺：《研究社会流动的意义》，《中国党政干部论坛》2004 年第
8 期。

罗霞、王春光：《新生代农村流动人口的外出动因与行动选择》，《浙
江社会科学》2003 年第 1 期。

马金龙、李录堂：《回族农民工迁移及市民化研究的理论探讨》，《西
北人口》2011 年第 32 卷第 2 期。

马用浩、张登文、马昌伟：《新生代农民工及其市民化问题初探》，
《求实》2006 年第 4 期。

米庆成：《进城农民工的城市归属感问题探析》，《青年研究》2004 年
第 3 期。

宁光杰、孔艳芳：《自我雇佣农民工市民化的影响因素研究——基于
长三角和珠三角地区的比较分析》，《中国经济问题》2017 年第
5 期。

宁光杰、李瑞：《城乡一体化进程中农民工流动范围与市民化差异》，
《中国人口科学》2016 年第 4 期。

宁光杰：《自我雇佣还是成为工资获得者？——中国农村外出劳动力
的就业选择和收入差异》，《管理世界》2012 年第 7 期。

牛喜霞：《社会资本在农民工流动中的负面作用探析》，《求实》2007
年第 8 期。

农民工城市贫困项目课题组：《农民工生活状况、工资水平及公共服
务：对北京、广州、南京、兰州的调查》，《改革》2008 年第 7 期。

任远、乔楠：《城市流动人口社会融合的过程、测量及影响因素》，
《人口研究》2010 年第 34 卷第 2 期。

沈水生：《农民工共享城镇基本公共服务的进展、问题及对策》，《社
会治理》2017 年第 6 期。

盛来运、王冉、阎芳：《国际金融危机对农民工流动就业的影响》，
《中国农村经济》2009 年第 9 期。

石丹淅、吴克明：《教育促进劳动者自我雇佣了吗？——基于 CHIP

数据的经验分析》，《中南财经政法大学学报》2015 年第 3 期。

司睿：《农民工流动的社会关系网络研究》，《社科纵横》2005 年第 20 卷第 5 期。

宋国恺：《分群体分阶段逐步改革农民工体制问题——基于农民工分化与社会融合的思考》，《北京工业大学学报》（社会科学版）2012 年第 12 卷第 2 期。

宋林飞：《"民工潮"的形成、趋势与对策》，《中国社会科学》1995 年第 4 期。

宋林飞：《"农民工"是新兴工人群体》，《江西社会科学》2005 年第 3 期。

宋周、黄敏、李正彪：《农业转移人口市民化意愿及影响因素——以成都市为例的分析》，《四川师范大学学报》（社会科学版）2014 年第 5 期。

孙频捷：《身份认同研究浅析》，《前沿》2010 年第 2 期。

谭崇台、马绵远：《农民工市民化：历史、难点与对策》，《江西财经大学学报》2016 年第 3 期。

唐灿、冯小双：《"河南村"流动农民的分化》，《社会学研究》2000 年第 4 期。

田北海、耿宇瀚：《生活场域与情境体验：农民工与市民社会交往的影响机制研究》，《学习与实践》2014 年第 7 期。

田凯：《关于农民工的城市适应性的调查分析与思考》，《社会科学研究》1995 年第 5 期。

万向东：《农民工非正式就业的进入条件与效果》，《管理世界》2008 年第 1 期。

王春光：《农村流动人口的"半城市化"问题研究》，《社会学研究》2006 年第 5 期。

王春光：《农民工：一个正在崛起的新工人阶层》，《学习与探索》2005 年第 1 期。

王春光：《新生代农村流动人口的社会认同与城乡融合的关系》，《社会学研究》2001 年第 3 期。

王东、秦伟:《农民工代际差异研究——成都市在城农民工分层比较》,《人口研究》2002 年第 5 期。

王桂新、陈冠春、魏星:《城市农民工市民化意愿影响因素考察——以上海市为例》,《人口与发展》2010 年第 16 卷第 2 期。

王桂新、沈建法、刘建波:《中国城市农民工市民化研究——以上海为例》,《人口与发展》2008 年第 14 卷第 1 期。

王锦:《归属感探析》,《西安文理学院学报》(社会科学版)2011 年第 14 卷第 4 期。

王美艳:《城市劳动力市场上的就业机会与工资差异——外来劳动力就业与报酬研究》,《中国社会科学》2005 年第 5 期。

王兴周:《"90 后农民工"群体特性探析——以珠江三角洲为例》,《广西民族大学学报》(哲学社会科学版)2013 年第 1 期。

王毅杰:《流动农民留城定居意愿影响因素分析》,《江苏社会科学》2005 年第 5 期。

王毅杰、童星:《流动农民职业获得途径及其影响因素》,《江苏社会科学》2003 年第 5 期。

王元璋、盛喜真:《农民工待遇市民化探析》,《人口与经济》2004 年第 2 期。

王宗萍、段成荣:《第二代农民工特征分析》,《人口研究》2010 年第 2 期。

文军:《农民市民化:从农民到市民的角色转型》,《华东师范大学学报》(哲学社会科学版)2004 年第 36 卷第 3 期。

"我国农村劳动力转移与农民市民化研究"课题组:《农民市民化的趋势与国内相关理论学派的主张》,《经济研究参考》2003 年第 5 期。

《我国农民工工作"十二五"发展规划纲要研究》课题组:《农民工住房态势及其政策框架》,《重庆社会科学》2010 年第 10 期。

《我国农民工工作"十二五"发展规划纲要研究》课题组:《中国农

民工问题总体趋势：观测"十二五"》，《改革》2010 年第 8 期。

吴晓刚：《"下海"：中国城乡劳动力市场转型中的自雇活动与社会分层（1978—1996）》，《社会学研究》2006 年第 6 期。

武岩、胡必亮：《社会资本与中国农民工收入差距》，《中国人口科学》2014 年第 6 期。

夏显力、张华：《新生代农民工市民化意愿及其影响因素分析——以西北 3 省 30 个村的 339 位新生代农民工为例》，《西北人口》2011 年第 32 卷第 2 期。

夏梓怡：《自雇型农民工市民化的社区支持：鄂省个案》，《重庆社会科学》2015 年第 12 期。

谢建社：《农民工分层：中国城市化思考》，《广州大学学报》（社会科学版）2006 年第 5 卷第 10 期。

徐建玲：《农民工市民化进程度量：理论探讨与实证分析》，《农业经济问题》2008 年第 9 期。

徐姗、邓羽、王开泳：《中国流动人口的省际迁移模式、集疏格局与市民化路径》，《地理科学》2016 年第 36 卷第 11 期。

许抄军、陈四辉、王亚新等：《非正式制度视角的农民工市民化意愿及障碍——以湛江市为例》，《经济地理》2015 年第 35 卷第 12 期。

许传新：《新生代农民工的身份认同及影响因素分析》，《学术探索》2007 年第 3 期。

杨冬民：《应该区分农民工的类别来解决农民工问题》，《经济纵横》2006 年第 6 期。

杨菊华：《流动人口在流入地社会融入的指标体系——基于社会融入理论的进一步研究》，《人口与经济》2010 年第 2 期。

杨菊华、吴敏、张娇娇：《流动人口身份认同的代际差异研究》，《青年研究》2016 年第 4 期。

杨菊华：《中国流动人口的社会融入研究》，《中国社会科学》2015 年第 2 期。

杨云善：《农民工市民化能力不足及其提升对策》，《河南社会科学》

2012 年第 20 卷第 5 期。

叶静怡、王琼：《农民工的自雇佣选择及其收入》，《财经研究》2013
　　年第 39 卷第 1 期。

殷娟、姚兆余：《新生代农民工身份认同及影响因素分析——基于长
　　沙市农民工的抽样调查》，《湖南农业大学学报》（社会科学版）
　　2009 年第 10 卷第 3 期。

余思新、曹亚雄：《农民工市民化层次性解读及其现实启示》，《西北
　　农林科技大学学报》（社会科学版）2014 年第 1 期。

张范：《农民工生育保险的思考》，《商业经济》2009 年第 12 期。

张凤林：《现代人力资本投资理论及其借鉴意义》，《经济评论》2000
　　年第 4 期。

张国胜：《基于社会成本考虑的农民工市民化：一个转轨中发展大国
　　的视角与政策选择》，《中国软科学》2009 年第 4 期。

张丽艳、陈余婷：《新生代农民工市民化意愿的影响因素分析——基
　　于广东省三市的调查》，《西北人口》2012 年第 33 卷第 4 期。

张涛：《农民工群体内部分层及其影响：以收入分层为视角——武汉
　　市农民工思想道德调查分析报告》，《青年研究》2007 年第 6 期。

张翼、周小刚：《农民工社会保障和就业培训状况调查研究》，《调研
　　世界》2013 年第 2 期。

张永丽、王博：《农民工内部分化及其市民化研究》，《经济体制改
　　革》2016 年第 4 期。

张跃进、蒋祖华：《"农民工"的概念及其特点研究初探》，《江南论
　　坛》2007 年第 8 期。

赵芳：《"新生代"，一个难以界定的概念——以湖南省青玄村为例》，
　　《社会学研究》2003 年第 6 期。

赵立新：《城市农民工市民化问题研究》，《人口学刊》2006 年第
　　4 期。

赵延东、王奋宇：《城乡流动人口的经济地位获得及决定因素》，《中
　　国人口科学》2002 年第 4 期。

郑功成、黄黎若莲：《中国农民工问题：理论判断与政策思路》，《中国人民大学学报》2006 年第 6 期。

郑杭生：《农民市民化：当代中国社会学的重要研究主题》，《甘肃社会科学》2005 年第 4 期。

郑小晴、胡章林：《将农民工纳入住房公积金制度保障体系的探讨》，《重庆大学学报》（社会科学版）2008 年第 14 卷第 6 期。

中国劳动和社会保障部劳动科学研究所课题组：《中国灵活就业基本问题研究》，《经济研究参考》2005 年第 45 期。

钟水映、李魁：《农民工"半市民化"与"后市民化"衔接机制研究》，《中国农业大学学报》（社会科学版）2007 年第 24 卷第 3 期。

周汉平、方伟：《"农民工"内部分化的考察——以安徽枞阳大山村在张家港市务工的男性为例》，《安庆师范学院学报》（社会科学版）2004 年第 23 卷第 6 期。

周密、张广胜、黄利：《新生代农民工市民化程度的测度》，《农业技术经济》2012 年第 1 期。

周明宝：《城市滞留型青年农民工的文化适应与身份认同》，《社会》2004 年第 5 期。

周运清、刘莫鲜：《都市农民的二次分化与社会分层研究》，《中南民族大学学报》（人文社会科学版）2003 年第 23 卷第 1 期。

朱磊、雷洪：《论农民工的分类及其转型》，《社会学评论》2015 年第 3 卷第 5 期。

朱力：《改革中的社层分化与社会流动》，《南京社会科学》1995 年第 4 期。

朱力：《论农民工阶层的城市适应》，《江海学刊》2002 年第 6 期。

朱力：《农民工阶层的特征与社会地位》，《南京大学学报》（哲学·人文科学·社会科学）2003 年第 40 卷第 6 期。

祝仲坤：《住房公积金与新生代农民工留城意愿——基于流动人口动态监测调查的实证分析》，《中国农村经济》2017 年第 12 期。

　　3. 报纸

韩长赋：《关于"90 后"农民工》，《人民日报》2010 年 2 月 1 日第7 版。

杨菊华：《90 后流动人口社会融合的困难》，《中国社会科学报》
2015 年 11 月 18 日第 6 版。

　4. 网络文献

国务院：《国家基本公共服务体系"十二五"规划》（http：//
www. gov. cn/zwgk/2012 – 07/20/content_ 2187242. html）。

胡拥军、高庆鹏：《处理好农民工市民化成本分摊的五大关系》（ht-
tp：//www. cssn. cn/mkszy/mkszy_ pl/201711/t20171107_ 3720220.
shtml）。

中共中央、国务院：《关于加大统筹城乡发展力度 进一步夯实农业农
村发展基础的若干意见》（http：//www. gov. cn/gongbao/content/
2010/content_ 1528900. htm）。

中华人民共和国人力资源和社会保障部：《2016 年度人力资源和社会
保障事业发展统计公报》（http：//www. mohrss. gov. cn/ghcws/BHC-
SW gongzuodongtai/201705/t20170531_ 271737. html）。

二　外文

Akerlof G. A. , Kranton R. E. , "Economics and Identity", *The Quarterly Journal of Economics*, Vol. 115, 2000.

Allen W. D. , "Social Networks and Self-employment", *The Journal of Socio-Economics*, Vol. 29, 2000.

Becker G. S. , *Human Capital*：*A Theoretical and Empirical Analysis with Special Reference to Education*, 3rd ed. Chicago and London：The University of Chicago Press, 1993.

Becker G. S. , "Investment in Human Capital：A Theoretical Analysis", *The Journal of Political Economy*, Vol. LXX, No. 5, Part 2：Investment in Human Beings.

Blumberg B. F. , Pfann G. A. , *Social Capital and the Uncertainty Reduction of Self-Employment*, IZA Discussion Paper No. 303, 2001.

Borjas G. J. , Bronars S. G. , "Consumer Discrimination and Self-Employment", *Journal of Political Economy*, Vol. 97, No. 3, 1989.

Borjas G. J. , "The Self-Employment Experience of Immigrants", *The Journal of Human Resources*, Vol. 21, No. 4, 1986.

Bourdieu P. , *The Forms of Capital*, Richardson J. , *Handbook of Theory and Research for the Sociology of Education*, Westport, CT: Greenwood, 1986.

Carroll G. R. , Mosakowski E. , "The Career Dynamics of Self-Employment", *Administrative Science Quarterly*, Vol. 32, No. 4, 1987.

Coleman J. S. , "Social Capital in the Creation of Human Capital", *The American Journal of Sociology*, 1988, 94 (Supplement).

Douglas E. J. , Shepherd D. A. , "Entrepreneurship as a Utility Maximizing Response", *Journal of Business Venturing*, Vol. 15, 2000.

Giulietti C. , Ning G. , Zimmermann K. F. , *Self-employment of Rural-to-Urban Migrants in China*, IZA Discussion Paper No. 5805, 2011.

Granovetter M. S. , "The Strength of Weak Ties", *American Journal of Sociology*, Vol. 78, No. 6, 1973.

Lin Z. , Picot G. , Compton J. , "The Entry and Exit Dynamics of Self-Employment in Canada", *Small Business Economics*, Vol. 15, 2000.

Meng X. , "The Informal Sector and Rural-Urban Migration—A Chinese Case Study", *Asian Economic Journal*, Vol. 15, No. 1, 2001.

Mincer J. , *Individual Acquisition of Earning Power*, National Bureau of Economic Research, *Schooling, Experience, and Earnings*, Columbia University Press, 1974.

Mincer J. , "On-the-Job Training: Costs, Returns, and Some Implications", *The Journal of Political Economy*, Vol. 70, No. 5, 1962.

Mohapatra S. , Rozelle S. , Goodhue R. , "The Rise of Self-Employment in Rural China: Development or Distress?", *World Development*, Vol. 35, No. 1, 2007.

Parker S. C. , Belghitar Y. , Barmby T. , "Wage Uncertainty and the Labour Supply of Self-Employed Workers", *The Economic Journal*, Vol. 115, 2005.

Portes A. , "Social Capital: Its Origins and Applications in Modern Sociology", *Annual Review of Sociology*, Vol. 24, 1998.

Sanders J. M. , Nee V. , "Immigrant Self-Employment: The Family as Social Capital and the Value of Human Capital", *American Sociological Review*, Vol. 61, No. 2, 1996.

Schultz T. W. , "Investment in Human Capital", *The American Economic Review*, Vol. 51, No. 1, 1961.

Tervo H. , "Self-employment transitions and alternation in Finnish rural and urban labour markets", *Papers in Regional Science*, Vol. 87, No. 1, 2008.

Yamada G. , "Urban Informal Employment and Self-Employment in Developing Countries: Theory and Evidence", *Economic Development and Cultural Change*, 1996.